10日で学ぶアニマルコミュニケーション

動物と話す練習

ペットの本当の
「気持ち」を聞く
奇跡のレッスン

アニマルコミュニケーター
杉 真理子
Mariko Sugi

BAB JAPAN

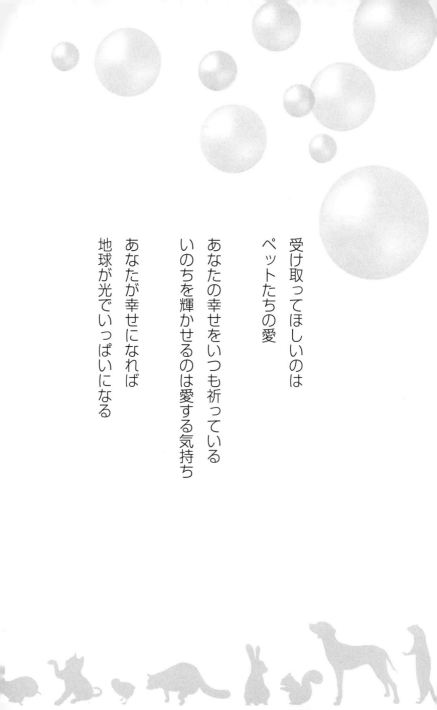

受け取ってほしいのは
ペットたちの愛

あなたの幸せをいつも祈っている
いのちを輝かせるのは愛する気持ち

あなたが幸せになれば
地球が光でいっぱいになる

やがてあなたを追い越して
ペットが旅立つ日がきても
大丈夫だよ、また会える

ペットたちの願いはひとつ
あなたの幸せ

はじめに

この本を手に取ってくださり、ありがとうございます。私は、アニマルコミュニケーターの杉真理子といいます。アニマルーーー？　聞き慣れない言葉ですよね。ペットの気持ちを飼い主さんにお伝えしたり、飼い主さんの思いをペットに伝えて、ご家族と動物が幸せに暮すためのお手伝いをする者です。ペット・メッセンジャーといったり、動物の通訳と表現する場合もあります。

えっ、ペットの気持ちがわかるの？

はい、そうです。テレパシーという見えない伝達器官を使って、モモちゃんならモモちゃんの、心の周波数にチューニングします。テレビにたとえるなら、6チャンネルが見たければ、6チャンネルにスイッチを合わせますよね。同じように、モモちゃんの気持ちが知りたければ、モモちゃんの気持ちに周波数を合わせるんです。何だか怪しい？　そうでもないんですよ。

実は、人間は、誰でもテレパシーを使えます。

ずーっと昔はみんな、テレパシーを使って交信していました。だんだん言葉を使うようになり、テレパシーを使う必要がなくなったので、機能としては眠っていますが、練習次第で上手に使えるようになります。

たとえると、腹筋みたいな感じです。人間ならば誰でも、基本的な構造として腹筋を持っていると思いますが、使っていない場合、どこにあるかもわかりませんし、うまく使うことはできません。ですが、日ごろから腹筋を鍛えている人は、裸になるとシックスパックがきれいに見えますよね。

でも本書は、テレパシーを鍛えるための本ではありません。

この本では、ペットたちの豊かな感性や彼らの役割、飼い主さんとペットの心あたたまるストーリーを紹介しながら、ご自身の愛しいペットと気持ちを通わせるためのレッスンをお伝えします。アニマルコミュニケーターのように、テレパシーを鍛えなくても、すでに深い絆で結ばれているペットと飼い主さんだからできる、とっておき

の方法です。
そうそう、ペットという言葉が気になったらゴメンナサイ。この本では、コンパニオン・アニマルのことをペットと表現しています。ペットという文字を見たら、伴侶動物とかパートナーとか、ご自分の気に入った言葉に、脳内変換をお願いします。

多くの飼い主さんは、アニマルコミュニケーションを人間同士のおしゃべりのようにイメージなさっていますが、これもちょっと違います。感覚器官である五感や第六感をすべて使って「感じる」ことを言葉に変換して、飼い主さんにお伝えするのです。
表現方法が会話をしているかのようになりますが、言葉をしゃべっているわけではありません。また、自分の外側から聞こえる何かをキャッチするわけでもありません。動物の思いが直接心に届き、その「ふわっとしたエネルギー」を瞬時に日本語に置き換える……というようなものです。

動物と暮らしていると、彼らを見て、今日は何だか調子が悪そうだな、とか、いつもよりウキウキしてる？　とか、思うことがありますよね。それが、「ふわっとしたエネルギー」をキャッチした瞬間です。多くの方が体験なさっていらっしゃるのではないでしょうか。

彼らは、言葉こそ話しませんが、からだ全体を使い、エネルギーを発して、私たち飼い主に何かを伝えてくれています。彼らの「ふわっと（したエネルギー）」を感じ、感じたことを日本語で表してみることが、アニマルコミュニケーションの初めの一歩です。

ん？　ペットを見て、今日は体調がよさそうだな、とか思うことなら、いつもやってるけど……？　そうなんです。飼い主さんなら、すでにやっていることが、アニマルコミュニケーションに通じているんですよ。

察することはできても、会話はできない……と、思っていらっしゃるかもしれませんね。その「察する」という行為は、ペットに「心を向ける」からこそできること。

いやいや、見た目で判断します、という飼い主さんもいるかな。それは、すでに心を向けている存在を視覚で感じる……ということですから、なおよしですね！

多くの飼い主さんは、愛情というツールを使って、すでにアニマルコミュニケーションを無意識に行っているんです。

ただ、「愛情」って、好きな色の眼鏡をかけて、それを通して物事を見ていることなので、本当の色とは、ちょっとズレてしまうんですよね。本書では、眼鏡の色を薄くして、ズレを修正するための方法をあれこれ提案させていただきます。色眼鏡の色ってね、頭（考え方）とか気持ちとか経験とかがつくっています。そういうものを取っ払うと見えてくるのが、「愛」です。

ええ、「愛情」と「愛」は、似ているようでかなり違うんですよ。

愛ってね、あるがままを「あるんだな」って、ただ見ているような世界。そのことをいいとか、悪いとか、あってるとか、間違ってるとか、ジャッジ（判断）しない世界です。だからね、人間世界の倫理や道徳ともちょっと違っています。

ご自分の中が、愛で満たされるにつれ、色眼鏡の色が薄くなって、本当の色が見えてきます。ただ、これは人間として一生をかけて行う作業といえるかもしれません。

愛は無限大で上限がありませんから。

ですから本書では、「ご自分の動物と今まで以上に深く心を通わすこと」を目標に、眼鏡の色を薄くするレッスンを楽しんでいただこうと思います。眼鏡の色を薄くするのは、技術じゃなくて、知らぬ間に着ていた窮屈な服を脱いで楽になること。服を脱いでも安心だ、と、思える空間に気づくこと。そんな楽しいことです。

窮屈な服もね、知らぬ間に……といいましたが、実は自分で着たのです。たとえば、小さいときに、お母さんからよい子でいなさい、といわれて、よい子の服の色はきっとピンク色だ、と自分で思い込んで、本当は黄色が好きだったのに、ピンク色を選んで着せてもらった……とか、そういう感じで、私たちはどんどん好きではない服を着て、窮屈になってしまっているんです。眼鏡の色も同様です。度数もきつくなっているかもしれません。こんなふうにして私たちは、ほんとは黄色が好きだったことを忘れてしまいます。

でも、ペットは知っているんです！

なぜだかわかりますか？　ペットであることを選んだ動物たちの使命は、飼い主さんを幸せにすることだったり、飼い主さんの夢をサポートすることだったり、生まれるときに決めてきた目標を達成するためのきっかけになることだったりします。

ただそばにいて、癒やしてくれるだけではありません（それも、とっても大きなお役目ではありますが）。

そんなペットたちには、飼い主さんが本当に好きな色は、黄色であることが見えているんです。だから、窮屈な服を脱がせようと、あれこれ試みます。

本当に好きだった黄色い服、実は、選ばなかったわけではなく、ピンク色の服を選ぶ前に、こっそり心の奥深くの宝箱に小さく畳んでしまっていたので、ペットには、それが心の奥で光っているのが見えるんです。

とっても魅力的な輝きなので、もっともっとその光を放ってほしくて、飼い主さんの（邪魔な）服を脱がせようとします。本書では、服を脱ぐお手伝いをさせていただきます。ペットたちも、喜んでサポートしてくれることでしょう。

あなたのペットは、あなたのためにあなたのそばにやってきた魂です。

過去世から何度か一緒に過ごし、今生のあなたをまたサポートしたくてそばにいます。つまり、ペットとあなたは、すでにつながっています。ですから、ご自分が窮屈さを捨てるだけで、あなたのペットとつながったハートの部分がイキイキと活性化し、ペットの思いがハートに流れてくることでしょう。窮屈な服は、ハートをかなり圧迫しているのです。

さぁ、あなたも愛するペットと、もっと深く心を通わすために、窮屈な服を脱いで楽になる、ハッピーなレッスンにトライしてみませんか？

動物と話す練習　もくじ

Step 3　光の国へ旅立ったペットの声を聞く

Step 1

ペットの気持ちを
聞いてみたいと
思いませんか

動物の気持ちと魂レベルの思いを知る

アニマルコミュニケーションが得意なことは、動物の気持ちを知ることと、気持ちよりも深い、魂レベルの思いを感じること。「思い」に関しては、必要ならば、時空を超えて、過去世でのつながりにまで及ぶ場合があります。

ペットと飼い主さんは、過去世から何度も絆を育んできた「特別な関係」です。過去世でのつながりを説明したほうがよい場合は、それが出てくるのだと思います。でも、過去世の出来事は、証明することができません。出来事を聞いた飼い主さんが、ああ、だから今こんなふうなんだなと、腑に落ちるのならば、魂が「そのとおりだよ」と、ＯＫサインを出しているのだと思います。

実際に私がセッションした、動物と飼い主さんたちのさまざまなエピソードをご紹介します。アニマルコミュニケーションって、どんなものだろうという疑問に対する、お答えや参考にしていただけると思います。

なお、本書でご紹介するエピソードの、飼い主さんとペットの名前は仮名です。

猫のミズ君に体調を聞く

体調を崩し、膵炎《すいえん》に

アニマルコミュニケーションで、わりと多いのが、ペットの体調について教えてほしいという依頼です。

甘えっ子で臆病な性格、幼いときからよく吐く猫だった金谷ミズ君。今は12歳のシニアニャンコです。よく吐く以外は、これといった大きな病気をすることもなく、心地よい日々を過ごしていたのですが、ある夏、1週間も嘔吐《おうと》が続き、金谷さんが、病院へ連れて行ったところ、夏バテと診断されました。吐き気止めのお薬をもらって数日後には回復したものの、10月に入り、また嘔吐が続くようになりました。

再度、病院で詳しい検査を行った結果、膵炎であることが判明。嘔吐がひどく、お薬を飲むことが難しかったため、点滴治療に通ったそうです。臆病で病院嫌いなミズ君にとって、通院は大きなストレスでもあったようですが、ひと月後には、なんとか回復。この病気は再発しやすいと、獣医さんにいわれた金谷さんは、食事内容を見直し、サプリメント等も取り入れたそうです。それから2か月ほどたっても週に1度か2度は吐いてしまうとか。それも決まって朝ごはんのあと。

病院の先生は、続けて吐くわけでなければ、様子を見ましょうと、おっしゃったのですが、吐くのは普通ではないし、苦しそうなので、できることがあればしてあげたいと、依頼をいただきました。

ミズ君、金谷さんがお母様を亡くしたあとに、おうちにやってきて、ぽっかり空いた心の穴を埋めてくれた大切な猫さんなのだそう。

「なのに、猫は吐きやすいと思い込んで、しっかり対策をしてこなかったばかりにミズが苦しんでいるとしたら……とても後悔しています」と、依頼のメールにありました。精神的にもかなり参っているとも書いてありました。

「森と草原のある場所」でお話

私は、メールで依頼を受けると、動物の写真を通してエネルギーを感じ、イメージ上の空間に、その動物のエネルギーを招き入れてお話し（交信）します。

私のスペースには、湖のある森と草原があり、向こうのほうは断崖絶壁、森の奥には小川が流れ、小川の向こうに2頭のユニコーンが住んでいます。遠くからは鳥の声が聞こえ、空気が澄んでいて、とても気持ちのよい自然の空間です。

そこへミズ君をお招きすると、「僕、ここにいるよー」と、フレンドリーなお返事をしてくれました。森の中では、堂々と歩いていて、臆病なイメージはありません。

いつもは、挨拶《あいさつ》や今の気分はどうかなどの軽い会話をしてから本題に入るのですが、この日は、金谷さんへのメッセージがあるかどうかを先に尋ねました。

「何も気にしなくていいんだよ。
僕は僕だから。
充分幸せに暮らしてるよー。
そんなところかな」

優しくて愛いっぱいのお返事でした。

定期的に吐くことに対しては、

「なんていうか、体質かな」

「吐いたらすっきりする」

「僕はさ、（嘔吐に対して）お、またきたホイホイって感じなんだよね。だから、そんなに困ってないし、だんだん悪くなってるとかもない」

金谷さんからの、朝はあんまり食欲ないのかな？　というご質問には、

「そんなことないよ。

おいしく食べてる。

でも、そういえば、お腹が空いたから食べるっていうより、そこにごはんがあるから食べるって感じもあるかなー」

といったあとに、「でも、僕、朝ごはんがなかったら悲しいよ」って。


ミズ君、ごはんに関しては、ウェットフードが食べやすいし、おいしい。舌触りもいいと伝えてくれました。カリカリ（ドライフード）は、小粒にしてもらったけれど、カリカリしなきゃいけないから口が疲れるときがある。ほかにも、いい匂いがすると食欲が増すこと、食いしん坊であること、世の中においしいものがあるなら、食べて

みたいけれど、新しければいいというものではない、好みがあるから……と、たくさんのことを教えてくれました。

ミズ君のように、食いしん坊さんの場合、いっぱい伝えたほうが、現実面でもいいことがあるかもしれない……という期待のもと、たくさん教えてくれます。反対に、あまり食に興味がない場合は、素っ気ない返事の子もいます。

ペットに何かを聞きたい場合、好きなことを聞くと、うれしくてテンションが上がり、たくさん情報を伝えてくれると思います。私たちも同じですね。好きなことや興味のあることに対しては、いっぱいおしゃべりしても話題が尽きませんし、飽きることもありません。

金谷さんのことは、

「姉ちゃん（金谷さん）は結講忙しいタイプなの。

僕も一緒にあれこれ考えちゃう。

（姉ちゃんが）何を考えてるかよくわかんないから、僕は、えっとえっとって感じだけどね」

と、金谷さんの考えをめぐらすスピードが速く、内容はわからないものの、色とりどりに変わっていく考えを追っているというイメージ映像を送ってくれました。

金谷さんからの、ミズ君のためにこれからもできるだけのことをしたいと思うから、今の気分や希望等、なんでも聞かせてほしいとの質問には、食べるよりも陽だまりで寝るのが好きなこと。なんでもやりたいときにやるのが好きで、強制は嫌なこと。お膝でまったりしてるときは、金谷さんにも同じようにまったりした気持ちでいてほしいこと。同じように自分がぼーっとしているときは、金谷さんにもぼーっとしてほしいといっていました。

「僕、甘えん坊って思われているけど、
確かにそういうところもあるけど、実はしっかりしてんの。
自分を持っているんだよ。
僕、結構、大丈夫だから安心してね」

飼い主も驚く動物の観察力

アニマルコミュニケーションの結果をお届けすると、飼い主さんは、こんなにいろんなことを思っているんですね、と、驚かれることがあります。

そうなんです。ペットはたいてい、飼い主さんをよく観察していて、いろんなことを感じています。そして、このような機会をチャンスと捉え、たくさんお話ししてくれる子も多いです。

金谷さんから、後日、ご感想をいただきました。

「ミズからの言葉を聞いた第一印象は、なんというか、とっても彼らしいな、と思いました。そして、私が思っていたよりもずっと、自分の意志をしっかり持っていたことに驚かされました。

吐くことに対しても、『困ってないよ』というのが、日々、神経をすり減らしている私としては、拍子抜けしてしまったのですが（苦笑）、いかにもミズがいいそうなことだなぁと。いつも嘔吐のあと、私は、やはりどうしても少し落ち込んでしまいながら、あと片づけをしているのですが、そんな私をミズはいつも、キョトンとした顔をしながら見ているのです。『どうしたの？　別になんでもないのに？』というような表情で」

金谷さんは、こんなふうにもおっしゃってました。

「動物たちは人間の感情を鋭くキャッチしていますよね。私があまり神経質にならず、ミズ自身と同じように『あぁ、またきたね』くらいの感覚でいたほうが彼のためなのかな、という気がしてきています」

金谷さんは、アニマルコミュニケーションとヒーリングをお申し込みでしたので、ミズ君のからだのエネルギーを遠隔で感じる「ボディチェック」もさせていただきました。すると、のどのあたりに、のどを守るかのようなエネルギーがありました。

「ミズののどを守るかのようなエネルギーは、もしかしたら私が毎晩、送っているレイキかもしれません」と金谷さん。

ミズ君が少しでもスムーズにごはんが食べられるようにと、臼井式レイキというエネルギーワークを習ったのだそうです。

ミズ君、ちゃんと受け取っていたんですね。

動物へのヒーリング

動物へのヒーリングには、いろんな種類があります。

金谷さんが習ったというレイキもそのひとつ。

私はレイキ・ティーチャーでもあります。レイキは、シンボルとマントラを使うことにより、宇宙の数あるエネルギーの中から、安全に愛のエネルギーとつながることができる、安心なハンドヒーリングだと思っています。遠隔といって、別の時空にいるお相手にエネルギーを送ることもできて便利です。

私は、レイキや、レイキをベースとしたアニマルヒーリング講座を開催していますが、私自身が動物に施術するエネルギーは、レイキではありません。つまり、シンボルやマントラは使いません。人間用のいろんなヒーリングを学ぶうちに完成したオリジナルのヒーリング方法です。

アニマルコミュニケーションを行うのは、先ほどの私の異次元空間ですが、ヒーリングを行うのは、ミズ君ならミズ君の魂の神殿です。神殿のガラーンとしたクリスタル（水晶）でできたお部屋で、彼がどんなふうに過ごすのかを観察したり、天界から降り注ぐ光を浴びる様子を見たり、ひとりごとを聞いたりしているのですが、彼の空間に私は存在していません。なんだか不思議な感じです。

時に、天界から降りてくる光とは別に、手元の写真にハンドヒーリングで光を入れるようにと、どこからか指示がきて、そのようにするときもあります。

ミズ君の神殿は、エメラルドグリーンの光が天界から降り注ぐ、平和で美しい場所でした。不思議なことに、高いところに金色の光のバー（棒）がありました。ミズ君は、そこに手をかけて、人間でいうところの「連続前回り」を楽しみ始めました。

「やぁ、気持ちいいなぁ。こういうことするのは久しぶり。ここでは自由なんだね。僕、からだを動かすのが好きだったんだよ。からだのエネルギーが回って気持ちいいなぁ」

ここはイメージの空間ですから、地球ではできないことであっても、何かを伝えたい場合や強調したい場合に、こういうことが起きることがあります。ですが、金色の光のバーが出てきたのは初めての経験でした。

そのことを報告すると、金谷さんは、ミズ君は、若いころから、とても運動神経がいいのだと教えてくれました。12歳になった今でも、ジャンプで肩に飛び乗ったりするそうです。甘えん坊で臆病なだけじゃなかったんですね。

運動神経がよいことは、ミズ君の自慢だったのでしょうけれど、それよりも、このアニマルコミュニケーターとお話ししたのは、まぎれもなく本物の僕だよ、ということを金谷さんに示してくれたような気もしました。

今回、ミズ君は自分の体調について、自分が感じていることや思っていることを正直に伝えてくれましたが、動物……特に大人のオスは、犬でも猫でもほかの動物でも、体調をごまかしぎみだと思います。弱いところを隠したい本能と、病院へ連れて行かれたくない気持ちが、からだは大丈夫といわせてしまうのでしょう。

アニマルコミュニケーションでわかるのは、感情＝気持ちの部分であることが多いですから、動物が語ったことが事実かどうかは、その時点では確認が難しいです。

私は、動物が教えてくれたことと、自分がボディチェックで確認した動物の体調とが、同じ方向かどうかを一応の確認材料としています。

動物が、「大丈夫」といいたい気持ちは尊重しますが、体調についてのご質問がある場合には、あらかじめ、飼い主さんから詳しくお話を伺っておき、それについて細かく動物に確認したりもします。

飼い主さんの感想

ミズ君は、毎週1回計3回のコミュニケーションとヒーリングを受けてくれました。最終回にいただいた金谷さんのご感想を紹介させてください。

「真理子さんに依頼する前、私の心は不安だらけでした。なぜ吐いてしまうのか、ミズは苦しくないのか……などなど。

3回のACT（アニマルコミュニケーションセラピー）のおかげで、さまざまな発見がありました。ミズはこんなふうに考えていたのかとか、こういうところは私の思っていたとおりだったなとか、案外自分をはっきり持っているんだなとか。

たくさんのことを知ることができたのは、素晴らしい経験でした。知ることで、私の不安も薄らいでゆきました。ミズだけじゃなく、私の心まで癒やしていただいたと思っています。

私の心が安定するようになってから、ミズの体調も以前よりよくなったように思います。やはり、飼い主が落ち着いていることが、動物たちにとって大切なのですね。

一番うれしかったのは、ミズがこれほどまでに、私のことを思っていてくれたということです。私は猫たちのことを支えているつもりだったけれど、猫たちが私を支えてくれているのだなと気づけました。

それを伝えてくださった真理子さんには、ただただ感謝の気持ちでいっぱいです。

本当にありがとうございました。

ミズの考えや思いを知ったことで、これまで以上に、彼らが大切な存在になったので、これからも彼らとともに、健やかで幸せな毎日を過ごしていけるよう努めます。

このたびは本当にお世話になりました」

金谷さんからいただいたお礼のメールには、アニマルコミュニケーションのよいところがすべて書いてあるなぁ、と思いました。

病気やけが、ストレスを抱えた動物、動物たちの日ごろの健康管理には、アニマルコミュニケーションとヒーリングを同時に行うと、相乗効果があって、とてもいいと感じておりますので、自己紹介がてら、アニマルコミュニケーションとヒーリングについてのケースをお伝えさせていただきました。

外猫メーちゃんの猫生哲学

外猫のメーちゃんに外壁工事のことを伝えたい

最近はまだまだ「猫ブーム」ですね。おうちの猫ちゃんに加え、地域猫のお世話をしている方や、おっぱいが必要な子猫を期間限定で預かるミルクボランティアさんなど、人間と猫の関係が、段々深くなってきたような気がしています。

10年前に子猫を保護した大牟田さん。

当時、子猫と一緒に母猫も保護しようと試みたそうですが、母猫は警戒心が強く、捕獲することができなかったとのこと。ただ、ごはんは庭に置いておけば、食べにくるので、外猫としてお世話をすることにし、メーちゃんと名づけました。ちなみに10年たった今でも、メーちゃんは全く慣れず、触ることは至難のわざだとか。

ある日、庭の定位置にごはんを置き、メーちゃんの様子をこっそり見ていた大牟田さんは、彼女がいつものようにごはんに走り寄ることなく、左前足を引きずるように歩いているのを発見。なんとかしてあげたいけれど、肝心のメーちゃんは、人に頼る気持ちは皆無で、相変わらずの警戒心です。

大牟田さんには、もうひとつ気がかりなことがありました。

数日後に、ご自宅の外壁工事が決まっていて、窓の外にあるメーちゃんお気に入りの段ボールを撤去しなければなりません。メーちゃんが困惑しないよう、このことも伝えたいと、ACT（アニマルコミュニケーションセラピー）を申し込んでくださいました。

ですが、ご自宅の外壁工事が始まる前に、つぶやいていたひとりごとをメーちゃんが聞いたのか、工事が始まるより少し早い日に、メーちゃんの姿は消えていたのだそう。工事に関しても段ボールの撤去についても、大丈夫そうな気がしますと、連絡をいただきました。

時を同じくして、我が家の次男犬が亡くなったため、アニマルコミュニケーションの日程を少し、後ろへずらさせていただきました。

アニマルコミュニケーションは、ハートとハートのコミュニケーションですので、ハートがどのような状態かが重要なポイントとなります。ハートが悲しみでいっぱいだったり、怒りを抱いていたり、ストレスで愛の量がぐーんと減っていたり、からだが疲れていたりすると、そのことに左右され、クオリティが落ちる場合もあります。少なくとも私はそういうタイプですので、次男犬を亡くした悲しみの影響が出ないよう、自分を整える時間をいただきました。

外猫とのアニマルコミュニケーション

メーちゃんは、外猫さんでしたので、まず、大牟田さんを認識できているかどうかを確認する必要がありました。外猫さんは、自由に行動ができるので、ごはんをもらうおうちが複数ある場合や、ごはんをもらう場所はわかっているけれど、ごはんをくれる人の認識があいまいな場合もあるからです。

幸い、メーちゃんは、大牟田さんをしっかり把握していました。

「わかるわよ、わかるわよ、すごくよくわかる!」と、はっきり答えてくれました。でも、体調に関する質問に関して、最初、上手にはぐらかそうとしました。外猫さん、元気でなければ生きていけない運命にあるから虚勢を張りがちかもしれません。体調はいかがですか、という質問には、「普通」。どこかが痛いとかはありますか、の質問には「特には（ない）」と、そっけない返事でしたが、走らないってお聞きしましたよ、と、投げかけるとやっと、「足にけがしてる」と答えてくれました。けがといっても、切り傷のようではなく、どちらかといえば、ねんざのような種類のものだったと思います。

痛みについては「まぁ、こんなもん」とのこと。

このような痛みに慣れているのかを確認してみると、そういうわけではなく、気にしていられないから……と伝えてきました。

「いちいち気にしていたら生きていられないから。

何があっても、ああそんなものねって通り過ぎていくの」

それは、10年間、外猫として暮らしてきたメーちゃんの生き方の哲学でした。

大牟田さんからの「私はいつでもメーちゃんの味方です。これからもずっと」と、いうメッセージをお伝えすると、

「ありがとう。ごはんもらってほんと助かってるわ。その場所は安全、信用してる。そして、私には私の生き方があることをわかってくれるから安心。

これからもよろしくね」

と、答えてくれました。


警戒心が強く、10年たっても、からだは全く触らせないメーちゃんですが、大牟田さんには、絶大な信頼をおいているようでした。それでも、野良育ちだと、からだを触らせない子や姿を見られるのがいやな子って結講いるようですね。


大牟田さんからの、「メーちゃんは、触らせてくれないから、病院へ連れて行けなくて、それがつらいです」というメッセージには、「(病院に行かなくて) 大丈夫よ。こわいことは避けたい。私は潔いの」と、きっぱり。

私は段ボールの件も確認しようと思い、工事中、お気に入りの段ボール箱がなかったようだけど、大丈夫でしたか? と聞きました。

「ええ、そんなのなんとかなるわ。（大牟田さんが）すごーく心配してたから、かえって悪かったわ。大好きなものがなくなるのはつらいこと。

でも、また復活するって知ってたから、何とも思ってないわよ。臨機応変でないと暮らせないもの」

と答えてくれました。メーちゃん、やっぱり大牟田さんのひとりごとを聞いていたみたいですね。

外猫には外猫の生き方がある

ここ数年、地域猫活動が活発になって、避妊・去勢をした、外で暮らす猫たちのお世話をするボランティアの方々も多くなったと感じます。ごはんの時間になると、いつもの場所に集まってくる子もいるだろうし、ごはんをくれるボランティアさんにすり寄っていく子もいる一方、メーちゃんのように人間との距離感を決めて行動している子もいます。

野外で暮らす猫の性格もさまざま。彼らには、彼らが決めた生き方というものがありますので、それを尊重してあげることが大切です。すると、大牟田さんのように、10年たっても触らせてくれない猫からも信頼を得ることができます。ですが、外で暮らしている猫の中には、長生きしてシニア期を迎える子たちもいます。彼らの中には、体調があまりに悪いとライフスタイルを変え、人に近い場所や今までよりも雨風をしのげる場所で暮らしたいと希望する子も出てきますし、病気のときだけ、信頼しているる人に頼りたい子もいます。外の猫と人間とのつき合い方が変わってきているので、シニア外猫をよく観察し、サポートが必要そうであれば行動してみてくださいね。病気の間だけうちの玄関で暮らさないかとか、伝えたいことがある場合は、アニマルコミュニケーターに依頼なさるとよいと思います。その猫があなたのことを認識している場合は、つながってアニマルコミュニケーションをすることが可能です。

男気あるダン君、17歳のハートにしまってあったもの

シニアの同居犬の気持ち

シニアといえば、外猫であっても人に何か要望を持つことがある、という話をしましたが、家族として暮らす動物たちは、どんなふうなのでしょう。

17歳で寝たきりとなったスピッツのダン君のお写真を拝見したとき、模様の入った真っ白なケープをまとい、なんだか王子様っぽい風貌でした。へー、かわいいかわいいと育てられたのかなぁ。とても17歳の老犬には見えない……と、感心しました。

飼い主の船橋あずみさんからは、ほとんど寝たきりで、あまり手厚くしてやれず、さみしい思いをしていると思いますので、せめて何か要望があれば、やってあげたいと、依頼をいただきました。

シニアは、犬であっても猫であっても、「何かしてあげられること」や「食べたいもの」を聞いてほしいというご要望が実は多いです。自分から動くのが難しい動物は、

本当なら原動力として働くエネルギーが、からだの中に蓄積し、行き場がなくて体内で充満し、苛立つことが結講あります。飼い主さんがお世話をしようと触った途端に、気に入らなくて噛《か》む……というような現象として現れることが大半です。

以前受けた相談で、歩けなくなった犬のからだを拭こうとすると噛まれるので、恐怖心でお世話が難しくなったという依頼をいただいたことがあります。ボディスキャンをすると、体内のエネルギーがパンパンなのに循環していないことを感じ、からだを動かすために車いすを提案しました。実は、飼い主さんも、車いすを試してみようかと、考えてらっしゃったそうです。最初はやっぱり乗せるのがたいへんだったようですが、走れる！　と、理解した犬は、あまり手を煩わせなくなり、運動不足が解消されるにつれ、ちょっとしたことで噛むこともなくなったようでした。

17歳でほぼ寝たきりとなったダン君とつながる前に、健康状態や病気について確認させていただきました。何が食べたいかを聞いて、これが食べたい……というオーダーがあった場合、それを食べさせてあげてほしいのですが、中には、持病のために禁止されている、というケースも出てくることがあります。そのようなことを最初から避けるため、持病や病気とけが、普段食べているものなどを、あらかじめ確認させていただくようにしています。

ダン君の場合は、若いころから甲状腺の病気があって、お薬を飲んでいましたが、幸い、合併症もなく今に至るとのこと。また、心雑音があるので、心臓のお薬も飲んでいるのだそうですが、食事制限もないし、もう年齢が年齢なので、食べたいといわれれば、量は加減するけれど、食べたいものをあげたいということでした。普段のごはんも確認してからダン君とお話ししました。

王子様犬の意外な素顔

ダン君、私の中ではホワイト・ケープな王子様だったのですが、いざ話してみると、俺についてこい系。お話ししているうちに、口調もべらんめぇ調に変わっていました。最近は寝たきりなんですか、と、聞いたときの答えが、

「まぁ、そんな方向。でも、からだは寝てても精神はシャキっと起きてるんだぜ」でした。中型犬の17歳といえば、人間に換算すると98歳！ 98歳なのに、どこかからロッ

クのビートが聞こえてきそうな文言に、思わず、すごいですね、と、いうと「俺には普通」とのことで、何だか脱帽です。

あずみさんが、手厚くしてやれない、と、思っていることに対しても、

「そんなに構ってもらわなくても大丈夫。それより働き過ぎないよう気をつけてほしい。その場をもっと楽しめ。俺のことを思い浮かべたら面白くないだろう。楽しむときは楽しみ、学ぶときは学べばいい。俺はいつもここで待ってる。大丈夫、待てるから。だから気にするな。心細いときは、俺に抱きつけよ。まだまだ支えてやる」

つい、かっこいーい……と口走ると、ダン君は照れもせず、

「あほか、普通だ。俺はいつも、家族を守りたいと思っているし、今も気迫は結構しっかりしてるんだよ」

いや、本当にかっこいいですよね。スピッツ特有のふんわりした白い被毛や大きな目からは、想像できない心意気でした。

食べたいものについても、あれこれ教えてもらいました。ダン君からはリクエストされなかったのですが、映像でずっとりんごが見えていたので、りんごは好きか、と、ダン君に確認しました。

「あー、あのシャリっとしてシュワーなやつな。イケル」

との返事でしたが、りんごも好きでぜひ欲しいというわけではなさそうでした。

ご家族は蝶よ、花よ、と彼を育て、ホワイト・ケープのおしゃれな王子様として愛してらっしゃったでしょうから、べらんめぇ調の、シャキっとシニアな報告書をご覧になって傷つくのではないか、と、私はちょっと悩みました。

ですが、本当の彼は、俺についてこいのべらんめぇ口調ですから、これを曲げることも柔らかくすることもできません。アニマルコミュニケーションをするうえで、正直であることや、動物のエネルギーをそのままにお伝えすることは、私が大事にしていることです。意を決して報告書を作成しました。

数日後にもらったあずみさんからのメールに、私はびっくりしました。あのホワイト・ケープは、死に装束だったというではないですか。

昨夏、もう夏は越せないかもしれないというくらいの体調だったそうです。純白できれいな被毛が涙やけやよだれやけで、茶色くなったところもあったので、天国に送るときのために、もともとの被毛のような純白のケープをつくったそうです。

ですが、夏も越し、年も越し、今年のお誕生日を無事に迎えることができたので、うれしさのあまりお誕生日に記念撮影したのが、いただいたお写真だったようです。

ペットの気持ちを知った飼い主さんは……

私のアニマルコミュニケーションは、メールセッションです。

必要事項と動物のお写真をメールで送っていただき、私の体調が整ったタイミングで、写真を通して動物とつながってお話しします。場所は、自宅のリビングの一角です。

私は、エネルギーに敏感で、精妙なエネルギーを感じやすいタイプですので、人の多いイベント会場やエネルギーの整っていない場所では、場のエネルギーに左右されがちなため、自宅で、場所と自分のエネルギーを整えてから、お話ししています。ですから、写真は動物そのもののように大切なんです。

あずみさんは、ダン君に家を守りたい強い気持ちがあることに心あたりがありました。ダン君がおうちにきたとき、ダン君の飼い主さんは、あずみさんのおばあ様だったそうです。おばあ様とずっと一緒にいたそうですが、おばあ様が亡くなって、今度はお母様がダン君の飼い主さんを引き継がれたのだそうです。

ダン君は、お母様っ子になり、お母様と畑へ行ったり、散歩に行ったりしていたそうです。ですが、残念なことに、そのお母様も他界。ダン君がお母様を慕っていたことを知っているご近所の方々は、ダン君の体調を心配していたそうですが、当時は元気で食欲も落ちることはなかったそう。頑張っていたのですねと、あずみさん。

映像で出てきたりんごの謎も解けました。

りんごは、おばあ様の好物で、毎日のようにオヤツとしてもらっていたのだそうです。「きっと一番大切な思い出なんでしょう」と、おっしゃっていました。

「祖母が亡くなって10年近くたつのに、こんなにも胸の中で大きな思い出となっていたとは驚きでした。このりんごは、間違いなく私があげたものじゃなく、祖母があげていたりんごだとすぐにわかりました」というあずみさんのメールを読んで、胸がキューンとしました。

あんなにりりしいダン君の中に、おばあ様と一緒に、毎日のように食べたりんごの優しい思い出が大切にしまわれていたとは。感動しました。

純白のケープに関しては、「あのお衣装を拝見し、かわいい、かわいい、ダンちゃん……と育てられたのに、彼の口調じゃ、なんか私、飼い主さんに嫌われるよねって1人しょげていました」と自分の気持ちも告白しました。

シニア期の動物について

シニアはもちろん、闘病中の動物の飼い主さんからも、今してあげられることは何かと、食べたいものは何かを、聞いてほしいというリクエストが多いです。

先ほど、ちらっといいましたが、普段、どのようなごはんを食べているかや、病気のために食べてはいけないものがあるかなどは、あらかじめ飼い主さんに確認します。

動物は、リクエストしたら食べられるものだと思って、期待が大きくなります。食べることが好きな子は、それこそ熱心に伝えてくれますので、その気持ちを汲めるよう、飼い主さんにも、リクエストがきたものは、少しでもいいし、いくつかの中の1種類でもいいので必ずあげてくださいと、お願いしています。

リクエストをしたのにもらえないとなると、がっかりして、いってもむだと思われたり、信用を損なったりする場合もあります。そのため、事前にあげられないものについては聞くことにしています。

リクエストがあった食べ物は、必ず、全部あげなくてはいけないかというと、そんなことはありません。できる範囲であげればよいです。動物のリクエストって面白くて、今まで自分の家で食べたものだけをリクエストするわけではないんです。

お散歩先で、お友だちのお母さんにもらったオヤツだったり、テレビの宣伝で見たものだったり、飼い主さんが食べていたものだったりすることもあります。食いしん坊な子は記憶しちゃうんでしょうね。

シニア期の動物は、ダン君のように、持病があったり、からだの機能が衰えていたり、不自由だったりしますが、精神的には、豊かで老成していますから、彼らを尊重する態度で接することが望ましいと思います。

ペットとして生きる動物は、赤ちゃんのときから一緒に暮らしても、いつの間にか私たちの年齢を追い越し、私たちよりも先に光の国へと還ります。彼らには、一緒にいてくれたことへの感謝の気持ちで接すると、とっても喜んでくれると思います。

目が見えにくかったり、耳が聞こえにくかったりするかもしれませんが、彼らは感覚器以上に、エネルギーで物事を感じていますから、愛情を込めて話しかけると、心身によい影響を及ぼす場合も少なくないでしょう。

私たちの声は言霊です。愛の思いをのせた言葉は、言葉そのものの意味がわからなくても、動物に愛を届けることができます。

シニア期になると、どうしてもいのちの終わりを考えてしまうことがありますね。まだこぬお別れを想像して悲観的になったりして。ですが、動物はどうでしょう。彼らは過去を嘆いたり、明日を憂いたりすることはありません。彼らがいるのは、常に「今」「今ここ」です。「今ここ」に一番エネルギーを注いでいますから、お世話する側も、「今」に集中し、1日を健やかに過ごすことを考えるほうがよいと思います。心配のエネルギーというのは、重いものなので、場合によっては動物の心身へマイナスの作用を与えるかもしれません。

さらに闘病中の場合は、介護や看病に夢中になって、ついつい、自分のことを疎かにしがちです。これでは家族としてのバランスが崩れてしまいますし、あなたが倒れたら、困るのは目の前のシニア期の動物です。

ついつい力を入れて、あれこれしてあげたいと思うでしょうし、ちょっとくらい無理をしても大丈夫と頑張ってしまいがちですが、動物はそれをよしとしません。

ずいぶん前に、自分を看病してくれているお母さんに向かって、「お母さんボサボサ」といった犬もいましたよ。女同士で一緒におしゃれを楽しみたいのに、あまりにお母さんがボサボサで、しかも本人（お母さん）は全くそれに気づいてないことを指摘していました。

シニア期のケアは、動物も飼い主さんも無理することなく、お互いのクオリティ・オブ・ライフを保つことが大切ですね。飼い主さんが、動物のために疲弊することは、動物たちにとってうれしくはないのです。

突然始まったソアラちゃんの問題行動のわけ

アニマルコミュニケーションで理由を探る

「問題行動」という言葉があります。

人間から見て困る行動、やめてほしい行為のことを「問題行動」といっていますが、ペットの問題行動には、必ずといっていいほど理由があります。理由がわかれば、解決策を見出すことができる場合も多いのではないでしょうか。

山口ソアラちゃんは、11歳のダックスフンドの女の子。

2つ上のお兄ちゃんワンコと、8つ年下のやんちゃな弟ワンコ、お父さん、お母さん、飼い主さんと暮らしています。

2か月位前から、トイレシーツを破くようになりました。破くだけではなく、人が見ていないと食べている様子。また、飼い主さんの姿が家の中で見えなくなると、姿を見るまで吠え続ける行動が半年前くらいから現れ、今では要求吠えもあるとのこと。以前、ヘルニアになったとき、甘やかしたから要求吠えをするようになったかもしれないということでした。

トイレシーツは中味を飲み込んだりすると危険だし、お風呂に入っている間中、吠えられると全然リラックスできない。今までなかった行動なので、体調から来るものなのか、何かいいたいことがあるのか理由を知りたいと、アニマルコミュニケーションを申し込んでくださいました。

アニマルコミュニケーションが得意なのは、動物の気持ちを聞くことや、もう少し深い感情、精神性を知ることなどです。問題行動の理由がわかるのもアニマルコミュニケーションのよいところだと思っています。

ただ、理由がわかったり、やめてほしいと伝えたとしても、それだけで問題行動が収まるわけではありません。人間側が、問題の原因を取り除いてあげることが大事です。また、習慣になってしまった行動は、変えること自体が難しいので、気長に望む方向へ促す努力も必要になります。

私たち人間も、クセというのはなかなかやめられませんよね。間食をやめようと思っていても、ついつい甘いものを食べてしまいます。食べ過ぎがいけないとわかっていても、おいしいものを目の前にするとやっぱり食べてしまいます。

動物も同じで、いったん、習慣になってしまうと、飼い主さんからダメといわれたとわかっていても、なかなかやめられません。

ソアラちゃんにつながると、「お話しするのが楽しみだったの」と、明るく話してくれました。飼い主さんから聞いていたのかもしれません。

アニマルコミュニケーションを申し込まれる方の中には、ご自分の動物に、今度、マリチ（私のニックネーム）さんがお話ししてくれるから、いいたいことがあったら何でもいうのよ、と、あらかじめ伝える方もいます。また、動物が理解しているかどうかは、さほど気にせず、ひとりごとのように、マリチさん、いつお話ししてくれるんだろうね、と、動物に話しかける方もいます。そのような飼い主さんのさりげない一言を、動物たちはワクワクした感情と一緒に受け取っていることが多いです。感情を伴う言葉は、動物には伝わりやすいんです。というか、言葉そのものを理解しているわけではなく、言葉がまとうエネルギーを動物は感じています。

ソアラちゃんは、お話しするのってどんな感じだろうかと楽しみで、今の気分はワクワクしていると、教えてくれました。体調についても、「今は痛みもないし、普通にいい感じです。気分がいいから、からだの調子もいいです」とのこと。ソアラちゃんは、言葉も丁寧でした。

動物の体調を感じる

ですが、何といっても11歳。体調については、もう少し詳しく聞くことにしました。すると、「痛いとかつらいとかはないのだけれど、気分がのらないとか、からだが重い感じとか、モヤモヤするとか、うっとおしいとかはある。そういうときは、中途半端な感じがしてイライラする」とのこと。そして、その状態は「ここのところずっと」だったそう。

ソアラちゃんとお話ししているとき、私の腰のあたりがドンと重くてジンジンする感じがありました。このような体感は、必要なときに勝手にやってくる場合が私は多いです。動物は基本、弱いところは知られたくないと思っていることが多いので、からだに関しては、痛みがあっても、ないという子もいます。私がそういった痛みを感じるのが得意だとよいのですが、そうでもありません。私は、普段から痛みに弱いので、たとえ短い時間であったとしても、痛みや苦しみを感じたくないと、心の底で思っているから感じにくいのかもしれません。

引き続き、からだのことを聞こうと思い、オシッコは順調に出ていますかと、聞いたとたん、彼女の顔が曇りました。

「えー、ヤダ、そんな質問なの？」

お話を楽しみにしてくれていたソアラちゃんをがっかりさせてしまったようです。

私はあわてて話題を彼女の好きなことについて聞き直しました。彼女はすぐに気を取り直して、ワクワク状態で

「かわいいっていわれたり、ママ（飼い主さん）と同じ女の子だねっていわれたり、レディーとして扱われること。

だってね、ほかの子は男の子だから。ソアラだけ特別なの」
と答えてくれました。
「ママとおそろいが好き。おそろいがうれしいなー。
だって、ほかの子にはできないから。似合わないし」
どうやら飼い主さんと一緒に、女子を満喫したいみたいですね。

「オシッコだったわね」といって、自ら話を戻してくれ、「あんまりいい質問じゃないけど、ちゃんと答えるわね」と前置きしてから、「普通」と答えてくれました。
トイレに関して、好き嫌いや大きさの問題は特にないようでした。シーツをかじるのは、「何かイライラするとき、手近だからかじっちゃう。叱られてもたいしたことないし」とのこと。イライラの原因は自分でもわからないようで、「原因がわかったら対処してる」と話してくれました。なかなかのしっかり者ですね。

からだの問題が相談の中心のとき、アニマルヒーリングでは必ず「ボディチェック」をします。ソアラさんに、ボディチェックをさせてください、と、伝えると、「そういうのはよい質問ね。だって大切にされている感じがする」と、うれしそうでした。

そこで私は、飼い主さんはソアラちゃんがとても大切だから、お話しする機会をくださったのだということや、このような機会を与えられるほど、大事にされている子は少ないということもお伝えすると、彼女のテンションが一気に上がりました。


ボディチェックをしようと思っていると、「ホルモンの問題」と、天界からのメッセージが降りてきました。アニマルコミュニケーション中に天界からのメッセージを感じることが、ごくたまにあります。通常は、動物自身とつながっていますが、本当に必要なとき、動物を守護する存在からのメッセージが流れてきます。これは私の特徴でもあると思います。

ソアラちゃんは、もう11歳。人間でいうところの還暦ですから、人間の女性のような更年期の症状が出たとしてもおかしくありません。

犬にも更年期がくるし、更年期障害といわれる症状が出ることがあります。しかし、症状は多少、人間とは異なるかもしれません。

アニマルコミュニケーションで、特有の症状等が出てきた場合、コミュニケーターは判断をしません。判断できる立場ではありませんから、必ず、動物病院で診ていただくよう、つけ加えるようにしています。

ただ、病院との相性がよい飼い主さんばかりではありませんし、必ずしも診断や治療が的確な先生だとは限りません。病院にかかるかどうかなどは、飼い主さんの責任の一環であると見なし、飼い主さんにお任せしています。

アニマルコミュニケーションは、あくまで「動物の気持ち」がわかる手法であって、起きている事実が明確に捉えられる技術ではないということも、飼い主さんにはしっかり理解していただくよう努めています。

ソアラちゃんのもうひとつの問題

飼い主さんの姿が見えないとずっと吠えていることについても聞いてみました。

「(吠えるのは)さびしいから。私のそばにいてほしいから」

お留守番のときはウェブカメラで見てみると吠えていないそうで、これに関しては、「さびしいけど、いないって知ってるから、吠えてもしかたない」とのこと。

どこで覚えたのか、こんなこともいっていました。

「(ママとは) ずーっと一緒がいい。

女の子同士っていつもくっついているものなんでしょう?」

そうとは限りませんよ。友情はお互いの自由を認めることが大事ですから。ママが自由にしてるのはダメですか? と聞いてみると、

「そうじゃないけど、私は自由じゃないから、もっと私といてくれてもいいんじゃないかと思う」

ソアラさんは自由じゃないんですか?

「ええ、限られてる。限られた中で暮らしてる。ちょっと窮屈」

それは、精神的なことではなく、単純に行きたい所へ行けないというニュアンスでした。やりたいけどできないということも含まれているようでした。

8歳年下のヤンチャな弟ワンコが関わってるかもしれない、と、ふと思ったので、彼のことをどう感じているか聞いてみると、「とってもかわいい」と即答でした。

あれ、嫌な感情を持ってるわけじゃないんだ、と、思ったとき、

「でもね、男の子だからパワフルでたいへん。彼は、私のことをかわいい女の子だと思ってるし、若いお母さんだと思ってるから思いっきりからだをぶつけてくるの。でも、実は私、見かけはかわいいかもしれないけど、彼のお相手ができるほどの体力はないの」

なるほど、やりたいけどできないというのは、このことのようでした。

飼い主さんがお風呂に入っている間中吠えているのは、ソアラちゃんは、お風呂でリラックスしている状態の飼い主さんと一緒にいたいから、せかしているようでした。なので、お風呂でママがリラックスしているときは、ソアラちゃんも1人でゆっくりできないか、お互いに1人でゆったりする時間にしたらどうかと提案しました。

ママはソアラちゃんに、待っててくれてありがとうっていいたいんじゃないのかな、とも伝えました。最初は抵抗があったソアラちゃんですが、確かに自分がゆったりしているとき、ママは私の邪魔はしないな、と思い始め、ママがお風呂に入っている間の自由を尊重しようと決めたようです。

ただ、ママがお風呂に入っている間中吠えることは、もうクセになってしまっているから、やってみるけれどできるかどうかはわからない、とのこと。

そこで、飼い主さんにも、お風呂の際は、ソアラちゃんの吠える声が聞こえても、なるべく感情を動かさず、気づかないふりをし、ソアラちゃんに「待っててくれてありがとう」と感謝の気持ちを込めていうようにしてもらいました。

すでにクセになっていることなので、すぐには改善しなくても、繰り返すことにより、徐々にお風呂のときは吠えないようになるかもしれない、と、お伝えしました。

トイレシーツに関しても、ソアラちゃんの、一緒にいたい、なでてほしい、大好きっていってほしいなどの気持ちを満たすことで、かじる行動を減らしてゆくことは可能であると伝えました。

飼い主さんは、お風呂での感情については早々に実践してくださいました。お風呂に入っている間は、吠えていてもあまり気にしないようにし、上がったあとで、ソアラちゃんに「待っててくれてありがとう」と伝えているようで、ソアラちゃんの吠えも、徐々に減ってきたように感じます、とメールをくださいました。


問題行動には理由があります。理由を聞いて環境を改善することが大切です。

問題行動につながる気持ちを知ったときには、その気持ちに寄り添う態度が問題行動を軽減させる場合もあります。アニマルコミュニケーションで、飼い主さんにわかってもらえたと思うと、動物は安心し、態度が和らいだり、リラックスしてよい方向に向かう場合も多くなります。

ソアラちゃんは問題行動がすでにクセになっていて、ピタリとやめるまでには時間がかかると思いました。そのため、飼い主さんは気長につき合う覚悟が必要です。通常、クセになった行動は変えにくく、三日坊主で終わることも結講あります。

また、問題行動の場合、その行動から感じる感情がもろに出てくると、逆に、自分の気持ちが伝わったことがわかって、行動を強化する可能性も大きくなります。

それを逆手にとって、今回のケースでは、飼い主さんからの感謝を経験できる状態をつくってみました。飼い主さんが、問題行動が引き起こす感情に引きずられないというところが大きなポイントでしたが、どうやら飼い主さんが上手にやってのけてくださったみたいでした。

フェレットのカンタ君のトラウマ

なかなか体重が戻らない

アニマルコミュニケーションの依頼の多くは、犬か猫の飼い主さんからですが、うさぎやフェレットなどの小動物の場合もあります。動物が個体としての意識を持っていることや、飼い主さんをわかっていること等、多少の条件はありますが、ペットとして家族の一員であるならば、アニマルコミュニケーションでお話を聞くことは可能です。私は今まで、犬や猫のほか、馬、うさぎ、リス、フェレット、チャボ、インコ、コウモリ、カエル等とお話ししたことがあります。

フェレットのカンタ君は、もうすぐ2歳になる明るい男の子。人間でいうと25歳の青年です。フェレットは、生まれてから1年で17歳くらいまで成長し、以後は、だいたい1年に7～8歳くらい歳をとるようです。

依頼内容は、体調についてでした。

フェレットは、成年男子で1・2キログラム前後が平均体重のところ、カンタ君は920グラムの細身。1歳のお誕生日を迎えたころから食べる量がだんだん減ったようです。

そのころ、保護猫の子猫の兄弟2匹を家族に迎えようと、お試しで一緒に暮らしてみたことがありました。これはトライアルといって、家族として一生一緒に暮らすことができるか、まずは2週間試してみましょう……という試み。たいていの保護施設では、こういう期間を設け、その間にご家族から質問を受けたり、アドバイスをしたりして、ご家族と保護動物の相性を確認したり、生活環境になじめるかを見守ったりします。

残念なことに、カンタ君と子猫2匹の相性が悪く、その子たちを家族にすることはかなわなかったそうです。カンタ君は、子猫が来てからごはんが食べられず、下痢をするようになり、食が細くなってしまいました。子猫たちがいなくなると、徐々に体調は戻ったものの、食べる量は減ったままで、体重も落ちてしまったのだそう。

食が細いことと、体重がとても少ないこと以外は、全く問題がなく、動物病院での健康診断でも、悪いところは出なかったのですが、先生からは、体重が900グラムを割ってしまうようなら、エコーやバリウムなどの検査が必要だから早めに連れて来るようにといわれてしまいました。飼い主の小柳さんは、小さな体に余計な負担をかけたくないとのことから、アニマルコミュニケーションで、食が細くなった理由を聞いてもらいたいということでした。

小柳さんは、今食べているフードや、ほかにいろいろ試してみたこと、手作り食にもチャレンジしたことなど、食生活について細かく教えてくださいました。

苦労するうちに見つけた「免疫サポート」という水分たっぷりの栄養補助剤だけは喜んで食べてくれたそうです。ですが、それは主食ではなく、動物病院からはフェレットフードを与えるよう指導されます。小柳さんとしては、その補助剤をもっと食べさせてあげたいけれど、そんなにはあげられないというジレンマも抱えていました。

フードの遍歴についても、動物に聞いたらいいのでは？　と、お思いでしょうか。

なんでも動物に聞くアニマルコミュニケーターもいますが、私は客観的なことを把握するのが苦手なので、飼い主さんに聞けばわかることは、あらかじめ詳しく聞くことにしています。

私たちは言葉を使うので、気の抜けたような挨拶でも、相手に伝えることができますが、動物に伝えたいことがある場合、思いを込めれば込めるほど、こちらに伝わりやすくなります。動物も自分の興味があることは、たくさんのエネルギーを使って情熱的に全身全霊で語りかけます。反対に、興味のないことはさほど熱が入らないので、伝わりにくいという面もあります。

ごはんが食べられない理由

アニマルコミュニケーションを行うイメージ空間で、カンタ君とつながると、彼はどこからともなくヒュイっと現れ、私に気づかないフリをして、私のそばの大きな木にスルスルと登りました。そしてまたスルスルと降りてきて「こんにちは」といってくれました。なんだかお茶目です。やってはいけないとわかっていたけれど、やっちゃったという感じの照れも含まれているような笑顔でした。

お母ちゃんに頼まれて、カンタ君にお話を聞きたいというと、

「うんいいよ。僕ね、こういうの結構得意なんだよ。お話もちゃんとできるよ」

と素直に答えてくれました。小柳さんが、アニマルコミュニケーションを学んでいらしたので、カンタ君も練習に借り出されて、お話しすることに慣れているのかもしれません。


体調を尋ねました。

「気分はとってもいいよ。でも、寒かったり暑かったりすると微妙。からだが緊張するときもある」

ごはんについて、お腹は空きますか？　と聞くと、

「うん、空くよ」

ごはん、ちゃんと食べてますか？

「うん、おいしく食べてるよ」

ほんとですか？

「うーん、ごはんはちょっとね。

あごが疲れるから、たくさんは食べられないの」

口の中が痛いとかはないようでした。そして、以前よりも食が細くなったことの自覚はありませんでした。

すると、カンタ君を守護する存在からメッセージが降りてきました。

2対1でいじめられて応戦が難しかった……など屈辱的な傷として残っています。

「からだに緊張が残っています。

特に胃に。第3チャクラが閉じぎみです」

チャクラというのは、エネルギーセンターです。私たちにも動物たちにもあります。主要なものは7つあり、赤から紫まで虹と同じ7つの色と役割を持っています。

第3チャクラは、黄色のゾーンで、自己表現に関するエネルギーセンターでもあります。場所は、ちょうど胃のあたりです。内臓ではないので、肉眼では見えませんが、エネルギーとして存在しています。閉じぎみということは、エネルギーの出入りが不活発で、そこを通るエネルギーも細々と弱いといえるでしょう。すると、自己表現が上手にできなかったり、胃液の分泌が弱く、消化しにくかったりします。エネルギー的には、食べ物だけではなく、今、起きている物事を消化できない、今の状態を飲み込めないということにもつながります。

ペットを守護する存在は、どの動物にもいます。ですが、アニマルコミュニケーションの最中にメッセージが降りてくるのはまれで、どうしても必要な場合に限られています。

カンタ君は、精神的には満たされているものの、ごはんを食べる量がとっても少なく、いのちの危険と隣り合わせだったので、メッセージが来たのだと思います。

どんなごはんが好きですか、と、聞くと、

「どんなごはんも同じだと飽きる。あれこれ変わるのが好き。みんなあごが疲れるから、それはどれも一緒」

免疫サポートはお好きなんですよね？

「うん、大好き！　もっと欲しい」

ふやかしたフードはだめなんですか?
「あれはあれで気持ち悪い」
「僕は、そんなに食に関心があるわけじゃないし、グルメでも何でもないよ。食べられる量しか食べられない」

食に関してはそんなふうに語り、ほかにも、体重が減っている自覚がないことや、元気で何も(病気が)ないから信頼してほしいと伝えてくれました。

ですが、それを聞いている私の中で、「脾臓《ひぞう》、脾臓……」と浮かんできました。脾臓が弱いのかな、脾臓が悪いのかな……と思ったときに、電磁波が気になり始めました。脾臓からなぜか電磁波が引き出されたのですね。この段階では、どんな関係性があるかなどは、私にはよくわかりません。

電磁波については、オール電化だったり、電子レンジだったり、無線LANだったり、普通の家でも、たくさん電磁波が飛んでいて、特に小さな動物たちには、あまりよくない影響があります。そのせいで、地に足をつけて生活するということから外れがちになるようです。カンタ君の場合も、自分の根を張るべき大地に根を下ろしていないような、ゆらゆらフワフワした感じがありました。
アニマルコミュニケーションは、動物とお話しすることがメインですが、私の場合は、守護存在からのメッセージがダウンロードされたり、話とは別の映像を感じたりすることもあります。この段階では理路整然とはしておらず、情報がバラバラな感じです。

家族へのメッセージ

小柳さんからの最後の質問は、カンタ君から何でもいいので、ご家族へのメッセージがあれば伝えてもらいたいということでしたので、聞いてみました。

「お母ちゃんは心配症。
僕はいつもたいていご機嫌だから大丈夫だよ。
僕を見てて！　元気だってわかると思うから。
僕は優しいお母ちゃんが大好きだよ。
おうちは居心地がいいよ。
僕はここで暮らすのが大好きだよ。

これが、カンタなんだなぁって思っといてー。
(大阪にお住まいのご家族だからでしょうか、ここだけ大阪弁っぽかったです)
僕はとっても恵まれていると思うよ。
お母ちゃんに大好きっていわれたらうれしくなる。
おうちが好きでたまんないよ」

このメッセージを聞いている間に、ハンドヒーリングをするよう、守護存在からの伝言がありましたので、メッセージを聞きながら、イメージ空間でカンタ君を抱っこして行いました。ヒーリングでは、からだ全体で天界からのエネルギーを吸収しているのを感じました。やはり、からだに緊張が残っているのかもしれません。

最後に、小柳さんからの、
「カンタはお母ちゃんの宝物だよ」というメッセージを伝えると、
「お母ちゃん、照れちゃうな。
僕、宝物なんだ、えへへへへ。

お母ちゃん、ありがとう。僕は、お母ちゃんの宝物だよ」

と、かわいいお返事をしてくれました。

後日、いただいた飼い主さんからのメールには、親バカですが、なんてかわいい。なんてカンタらしいと、ニヤニヤしてしまったとありました。

私のイメージ空間で、木に登ったのは、カンタ君の趣味が、高い所へ登ることだったからだそうです。落ちたら危ないから、飼い主さんからは禁止されていたので、やってはいけないのに、やっちゃった……ということだったんですね。

ごはん食べるの疲れる……ということに関しては、面白い偶然がありました。

飼い主さんの旦那様が私の報告書をご覧になって、子供のころとても少食だったのでカンタのこの気持ち、わかる！　と、おっしゃったそうです。カンタ君と旦那様も過去世でご縁があったのかもしれませんね。

脾臓に関しては、フェレット族の弱点のようでした。ちょっとしたストレスで脾臓が腫れるのだそうです。飼い主さんの最初のフェレットさんは、脾臓肥大で摘出手術を受けたそうですし、2代目フェレットさんは、音叉《おんさ》で脾臓をサポートしていたのだそうです。カンタ君にも音叉でサポートするとおっしゃっていました。

脾臓から引き出された電磁波に関して、飼い主さんは真っ青に。とても電磁波の多いおうちなのだそう。しかも、無線が趣味のご家族もいらっしゃるそうで、さっそくフェレットコーナーには、電磁波予防の対策を立てていらっしゃる様子でした。

子猫たちとのトラウマに関しては、

「カンタの心の中で、私が思っていた以上の大きな傷になっていたなんて、気づきませんでした。ほんの2週間ほどだったのですが、それまでフェレットに慣れた温厚なおばあちゃん猫しか知らなかったので、かなりショックだったんですね。2匹ともほんとうにかわいくていい子だったのですが、見たこともないフェレットとなじめる時期は過ぎていたみたいです。私がそれを調べていたら、子猫たちにもカンタにもつらい思いをさせずに済んだのに……と、申し訳ない気持ちでいっぱいです。

教えていただいたフラワーレメディを与え、少しでもトラウマが消えてくれることを願っています」と、おっしゃっていました。

私は、バッチ・フラワーレメディやホメオパシー、ハーブなどの自然療法もあれこれ学びましたので、飼い主さんがおうちでできることを、報告書に書くことがあります。カンタ君の飼い主さんには、トラウマを優しくゆっくり解消してくれるであろうフラワーレメディをお伝えしました。フラワーレメディ自体も素晴らしいものですが、上質なツールで、飼い主さんが動物に愛を注いでケアをする行為が動物を安心させます。幸せな気持ちになると自然治癒力が活性化し、心身によい影響が出る場合も多いので、ホリスティックなケアに取り組みたい気持ちのある飼い主さんには提案しています。

カンタ君の飼い主さんからは、部屋の温度を少し上げて、お水は湯冷ましを与え、ごはんには、フェレット用の消化酵素をふりかけているとの連絡がありました。そのせいか、食べる量が落ちていないということでした。

さらに「カンタが、僕はお母ちゃんの宝物だよ、というのが本当にカンタらしくて笑ってしまいました。動物（フェレット?）って、基本、天然さんなんですかねー。できるだけ長く、健康で快適に生活してもらえるよう、私も頑張ろうと思います。このたびは、本当にどうもありがとうございました。マリチさん（私の愛称です）にお願いして本当によかったです。ご縁に感謝いたします」と後日、連絡をいただき、ひと安心しました。

これらのケースのようなアニマルコミュニケーションで、動物たちの豊かな感情の世界を知っていただくことができたと思います。

ステップ2では、ぜひペットの気持ちに寄り添えるようレッスンを積んでください。窮屈な服を脱ぎ捨てるレッスンを重ねることを、あきらめずに楽しみながら続けていくと、ペットが醸し出す精妙なエネルギーを、即座に言葉で表現することができるようになるでしょう。

Step2

ペットの
気持ちを知る
10日間のレッスン

ペットと飼い主は深い絆でつながっている

ペットとはすでにつながっている

あなたとペットは、過去世で何度か一緒に愛し合い、学び合い、そのたびにお互いの魂を成長させてきました。ペットという立ち場を選ぶ動物の大きな目的は、人間に「愛の存在」としての目覚めを促すことです。

人間が、愛の存在として機能すれば、生きとし生けるものが、幸せに共存できる平和な世界が実現するからです。

私たちはペットを通して人間以外のいのちを思い、ペットと暮らす中で自然に触れ、自然を生活に取り入れることで、心身のバランスを整えてより健康になり、いのちや自然の大切さを実感します。ペットはかわいいひとつの小さないのちでありながら、なんと壮大な世界をかいま見せてくれるのでしょう。

彼らは、人間社会で暮らしていますが、私たちよりもずっと自然と仲よしです。仲がよいから影響も大きく受けます。雷に恐怖を覚える子や、雨の日はからだが重い子、山道だと急に元気が出る子などはわかりやすい例です。

ですが、私たちも自然の一部。自然がなければ、生きていくことができません。ペットは、そのことを思い出させてくれる、もっとも身近な自然の存在ともいえます。

私たちが話しかけると、ペットは顔を上げ、一所懸命話を聞いてくれますよね。そのとき、彼らは言葉を耳で聞いて理解しているのではなく、言葉のエネルギー、つまり「言霊《ことだま》」を、耳や他の感覚器官や、からだやハートで感じようとしています。ペットとお話しするには、ペットと同じように、五感や直感の感覚を磨いて「感じる」練習を重ねればよいのです。

あなたとあなたのペットの場合は、過去世から築いてきた深い絆があって、すでにハートとハートでつながった存在ですから、見知らぬ動物とのお話を試みるよりはずっと簡単に気持ちを交わすことができます。

といいますか、すでに彼らの醸し出すエネルギーをキャッチしていますよね。

ステップ1でお話しした「察する」という行為は、エネルギーを感じることからの推察ですから、ペットのエネルギーは感じているわけです。

アニマルコミュニケーターが得意なこと

アニマルコミュニケーターの場合は、単に動物とつながるだけではなく、動物と飼い主さんの間で心の橋渡しをするので、双方のエネルギーに感化されないことや、反対に自分のエネルギーが双方に影響しないことにも心を配ります。さらにいえば、単なる人と動物間の通訳というだけではなく、双方が幸せに暮らせるサポートとなるカウンセリング・サービスの一面も担っています。動物と意思の疎通ができるというだけでは、アニマルコミュニケーターとは名のれないと、私は思っています。

ペットと飼い主さんの場合の大きな強みは、強度の色眼鏡をかけていようが、服をたくさん着て窮屈な思いをしていようが、ハートの部分ではすでにペットと深い絆で結ばれているというところです。そして、日常的にも、ハートを通して、ペットの状態を、やんわり感じることができているというところです。

ペットと飼い主さんのつながりの美しさや、ペットの飼い主さんへの思いは、本当に純粋で素晴らしいものです。飼い主さんはペットに選ばれた存在です。

ステップ1でご覧いただいたような精妙なコミュニケーションは、アニマルコミュニケーターの領域です。たとえば、ペットから「うれしい」というエネルギーを受け取ったとしましょう。飼い主さんの場合は、「この子、うれしいんだ」とわかります。

アニマルコミュニケーターの場合は、うれしい……という喜怒哀楽の方向だけではなく、テレパシーで、もっと繊細なエネルギーとしてキャッチするので、その子らしい表現で「うれしい」が出現します。「わお！　世界で一番ハッピーな気持ち！」とか。

その子が表現したそのままのエネルギーを、瞬時に日本語に置き換えることができるよう、訓練も積んでいます。

また、「病気で明日から入院するから、あなたはおばあちゃんのところに預かってもらうけれど、退院したら迎えにいくからね」というような込み入った話の場合は、アニマルコミュニケーターを通したほうが、伝わりやすいと思います。ペットは、12月24日とか午後3時などの「数字」や、明日や昨日といった今、現在以外の「時間の経過」を理解することが苦手です。いつも、その瞬間瞬間にいのちを輝かせる生き方をしているからです。アニマルコミュニケーターは、彼らにわかりやすいよう、自然のリズムでそれらも伝えることが可能です。このように、人間ならば簡単にわかることが、ペットには理解できないという場合も結構あります。そのような内容を含む場合や、込み入った話の場合は、アニマルコミュニケーターとして実際に活動している人に依頼するほうが、的確な内容を手にすることができると思います。

ペットの気持ちはハートで感じる

それでも、飼い主さんが自分のペットと話すためのレッスンをスタートすると、自分の気持ちを今まで以上にスムーズにペットに伝えることができたり、ペットの気持ちを今までより深く感じることができるようになってきます。すると、絆も深まり、お互いへの信頼も高まり、愛にあふれた豊かな日常生活を楽しむことができるでしょう。ワクワクしますね。

ペットと話がしたいと思ったときに、必ず邪魔をするのが「頭」です。

頭（思考）は、個人であることを主張し、人間社会を上手に渡っていくために、正しいことを選んだり、ジャッジを下したりします。そのために色眼鏡をかけたり、服を何枚も着たりすることを、よいことと認識しています。そうして、私たちの多くは、頭の指示に従って生きることで、人間社会をなんとか渡ってきました。

だから、頭は発達し、「自分」を守るために常に動いています。

社会は、頭が育ててきました。ですから、頭がやりやすいようなシステムを採用しています。もちろん、頭は大切ですが、ペットとおしゃべりするのは「感覚」ですから、大きくなり過ぎた頭には、ちょっとお休みしてもらう必要があるのです。

ペットと飼い主さんの場合、ハートの部分ですでにつながっていますから、大きくなり過ぎた頭と縮こまっている感覚をバランスよく整えるだけで、気持ちの交換レベルがぐーんとアップします。

ハートの部分って心臓ではないんです。心というよりは、頭に左右されない愛の空間……というほうが理解しやすいかもしれません。目に見えないエネルギー的な空間です。

ペットと飼い主さんのハートは、時空を超えて過去世からずっと、虹色のコードでつながっています。光の国へと還ってしまったペットともそのままつながっているので、彼らとお話しすることもできますよ。

ハートを感じようと思うなら、映画やお芝居、読書や芸術作品などで「感動」するのが一番です。ハートが開いて、自分自身の愛が広がるとき、ハートの振動を肉体が捉えて心が震え、「感動」します。ハートから愛があふれてしかたのないときは、悲しいときもうれしいときも「涙」が出ます。

ハートとからだは、次元は違ってもつながっていますから、そんなふうにからだが反応するんですね。私たちはこのように、いくつかのエネルギーの層を持ち、いろいろなエネルギー的な空間と関わっているスピリチュアルな存在です。からだはその影響を受けますし、からだの状態（色眼鏡や着膨れ、睡眠不足や疲れ etc.）も、いろんな層に影響を与えています。

ペットとおしゃべりしよう

ペットと話す方法

瞑想にチャレンジしたことありますか？
静かに座ってからだを起こし、ゆっくりと呼吸し、「今ここ」に集中します。しかし、呼吸に意識を向けているつもりでも、どこからか、「これが終わったら、買い物に行かなくちゃ」とか「明日は、お弁当を持たせる日やったな」とかのおしゃべりがやってきたりしませんか？　現代人にとって、頭のおしゃべりをやめることは至難のわざともいえます。脳がおしゃべりしていると、そちらに意識が向き、からだ（感覚器官）が「今」何かを感じていたとしても、あまり意識されません。

ペットがあなたに何かをお話ししていたとしても、明日のお弁当のことを考えていたら、聞き逃してしまうということです。頭のおしゃべりは、「今ここ」で起きていないこと……がほとんど。頭のおしゃべりをやめると、「今ここ」でからだが感じていることをキャッチできるようになります。

えーっ、ペットとのお話ってからだでするの？

ちょっとびっくりしちゃいますよね。

ですが、ペットは、言葉を持ちませんから、人間と人間のようなおしゃべりはできません。もし、あなたが「今日はお留守番お願いね」と話しかけたら、愛犬が「ワン」と答えてくれる、なんてことはありません。

「今日はお留守番をお願いね」を伝えるとすれば、ペットがお留守番しているところを心のキャンパスに描いて、それをペットに見せる……ような感じです。

言葉で伝えるのとは全然違いますね。

「あら、でも今までも、『今日はお留守番お願いね』って言葉で伝えたことがあったけど、結講わかってるみたいだったわよ」という方もいらっしゃるでしょう。はい、それもそのとおり。声をかけるとき、言葉どおりの思いが込められていると、思いのエネルギーというものが、勝手に心のキャンパスに絵を描いて、ペットにわかりやすく伝えることができているからです。これがイメージする力です。

ペットは受け取り上手

動物は、私たちが日常で振りまくエネルギーを自分なりの解釈でキャッチしています。そして、キャッチしたことに対して、私たちに自分の気持ちを伝えてくれています。

ペットは日常的に、私たちに話しかけてくれているのです。

彼らを見てください。あなたが帰宅すると、からだ全部を使って、「おかえりなさい」「帰ってきてくれて、とってもうれしいよ」と表現しているでしょう？ ペットの思いをあなたもキャッチできているではないですか！

「いやいや、これはわかりやすいもん」なんて思っていませんか。

でもね、これなんです。ペットを見ただけでわかりましたよね？ うれしいというエネルギーがハートの通路からあなたに流れ込むと同時に、目（視覚）からも捉えることができました。うれしそうに尻尾フリフリ、瞳はウルウル……でしたよね。ペットのこれらの表現を言葉で表したら「おかえりなさい」なんですよ。

ペットからの「おかえりなさい」に、疲れがいっぺんに吹き飛ぶのは、ペットのあなたを思う気持ちが癒やしとなるからでしょう。ペットの喜びの振動が、あなたのハートに伝わって、喜び以外の不要なエネルギーを祓い落としたかもしれません。

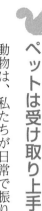

「レッスン」というと、何度も何度も繰り返し、練習して学ぶようなイメージがあるかもしれませんが、ペットとおしゃべりする練習って、何にもしないで「受け身」になること。と、同時に感覚器官を発達させること。

何かをする……というより「力を抜く」って感じでしょうか。

ペットとのおしゃべりは、ハートの会話なので、自問自答であるかのように心の中で繰り広げられるものだということを理解してください。

「あら、思っていたのと何だか違うわ……」と懸念しているでしょうか。

でも、飼い主さんなら「今日は調子が悪そうだな」とか「おなかが空いているのね」とか、なぜかわかっちゃったりしますよね？　動物の状態を見ているということもありますが、同時に、動物が醸し出すエネルギーを五感と六感でキャッチしているからなんです。だから、最初のステップはすでにできているといってもよいかもしれません。

ですが、心身のバランスが整っていないと、ふと浮かぶことを捕まえられません。疲れていたり、悩みにとらわれていたりするときは、ペットとお話しするのは難しくなります。

人間は思いを届けることが得意、動物は受け取ることが得意ですから、飼い主さんが気持ちを込めてペットに語る短い言葉なら、ペットは内容を理解していると思います。ただ、理解できたからといって行動できるとは限りません。苦手なことや、長年の習慣は、変えてほしいといわれても、なかなか変えられないのは人間と同じです。

また、飼い主さんは、動物の情報があり過ぎる、先入観が働く、何かを動物に聞きたいときはたいてい飼い主が動揺する事態が発生している、家族としてやんわりひとつのエネルギーだから、動物の気持ちか自分の思いかがわかりにくい……ということもあり、日常を超えた深いアニマルコミュニケーションを、飼い主さんが自分で行なうのは、難しいと思います。

実は、アニマルコミュニケーターである私も、自分の動物とは、前に述べた理由で、精妙な話は難しいです。溺愛型の飼い主なので、心配事があって理由を聞きたい場合や体調不良について、細かい話が必要なときほど感情が揺れてしまって、精妙なエネルギーを捉えることができません。

テレパシーによるアニマルコミュニケーションはとても客観的な方法で、自分という枠がなくなればなくなるほど、深くつながるのですが、飼い主と自分の動物という関係性の中で、自分をなくするということは条件的にも無理がありますしね。

人間の外科のお医者さんは、身内の手術はしないことになっています。たぶん、想定外のことが起きたときに、動揺し、客観的な判断ができなかったり、からだが緊張してメスさばきに支障が出たりするからだと思うのですが、それと同じと思っていただければ、わかりやすいかもしれません。逆にいうと、それくらい誤差というものを出してはいけないともいえます。

ペットとの会話の特徴

アニマルコミュニケーターに依頼するほど深刻ではないけれど、自分の動物に関する深いことや過去世について知りたい場合、私は「ドリーミング」という夢を活用する方法か、「直感」を通して知るようにしています。

「ドリーミング」とは、次のように行います。まず、夢でペットに聞きたいことを考えます。簡潔にまとまったら、寝る前にストレッチをしたり、お香を焚《た》いたり、音楽を聞いたりしてリラックスし、ベッドに入ります。質問を思い浮かべ、夢で答えてくださいと祈ってから眠ります。

また、ペットに伝えたいことがあるとき、その寝落ちする前のふわぁっと眠い状態でメッセージを送ると彼らは受け取りやすいでしょう。

ただ、残念なのは、起きたときに、ペットからのお返事を覚えていない確率がかなり高いということ。夕べ、あんなにお話しできたのに、今朝になったら、そのあたたかさだけが残り香のように残っていて、肝心の具体的な内容はわからないということが多いかもしれません。

ですが、覚えていないのは私たちだけで、ペットのほうはしっかり理解していますから、それはそれでよしですね。

そして、純粋なハートの思いを交換できたという事実は、自分自身だけではなく、ペットにとって素晴らしい経験となるはず。ですから伝える内容は、ペットをコントロールしようとするものではなく、彼らへの愛や感謝の気持ちがいいですね。すると、彼らからも同じ思いを受け取ることができるでしょう。

アニマルコミュニケーションで、大きな誤解があるなぁと思うのが、人間同士の会話のように、はっきり聞こえてくると思われていることです。

ハートとハートの会話というのは、ふわぁっとしたもので、弱く浮かぶだけのはかないものです。それを柔らかくキャッチすることが大切なのですが、妄想かもしれないとか、勝手に想像しただけとか思いがち。ふわぁっときた瞬間に、五感と六感で感じることが、とても大事でかなり難しいところです。

今までの会話の常識を変え、ここを理解できれば、動物に思いを伝えたり、動物の気持ちを受け止めたりしやすくなると思います。すでにコミュニケーションができているということも腑に落ちるでしょう。

ふわぁっとしたものを柔らかくキャッチするには、心身ともにリラックスした状態がとても大切です。アニマルコミュニケーションを行っているときの脳波は、リラックス状態を示すアルファ波といわれています。この状態のときには、ペットとつながりやすいので、気分がよいときや明るい気持ちのときに練習するのがベターです。練習しようと思ったときにリラックスした状態に自分を導けると、なおよいですね。

ペットとおしゃべりする話題として、彼らの反応がいいのは、好きなこと、好きな食べ物、好きな場所など。私たちも、好きなことについては、一所懸命語ったり、熱くなったりしますよね。思いが込もることは伝わりやすいのです。ペットは、ひょっとしたら、好きなオヤツをもらえるんじゃないか、という期待も含んで、はりきって練習につき合ってくれますよ。

では、自分のペットとおしゃべりするために、心身をリラックス状態に導き、自然（ペット）と同調する感性を養うレッスンを行いましょう。

1日目から順番に積み重ね、10日目までを3周くらい、繰り返していただくと、ペットとつながる感性が、より開かれると思います。

1日目

環境を整える

空気の入れ替え・場の浄化・気の循環

自分が練習する部屋の状態は、心に大きく影響します。

整った部屋は、よい気が循環し、停滞して重くなったエネルギーを祓うことができます。心地よいエネルギーのところにいるだけでリラックスできますよね。

アニマルコミュニケーションは、リラックスしたとき、つまり脳がアルファ波を出した状態になったときに動物とつながるので、安心して心もからだもゆるめられることが望ましいです。反対に、自分がストレスを感じる状態は、好ましくありません。

部屋がきれいでないと、ペットとつながれないという意味ではありません。自分が安心して、心地よくそこにいられるなら大丈夫です。自分がリラックスできる状態になれるよう、まずは部屋を整えましょう。

おうち全体を掃除し、練習する部屋を片づけるのが理想ですが、ひと部屋全部でなくても、練習する部分だけを整えても大丈夫です。

視覚情報を少なくすると、脳を休ませることができるので、それをポイントに部屋の一角を片づけます。積んであるものを整えるとか、机に出ているものを片づけるとか、ざっくりとでもよいので、整理整頓をしましょう。

2日目

アニマルコミュニケーションの手順を覚える

1日目に部屋をこざっぱりさせましたね。

今日はいきなり「手順」です。手順は、これから10日間、毎日繰り返して覚えてしまいましょう。手順は、場（部屋）を整え、自分自身を整え、ハートの層をペットへの愛で満たし、ペットとつながってお話しし、お話を終えて現実に戻る……です。

こざっぱりさせた部屋で、いすや床にゆったりと座り、軽く目を閉じて、ゆっくりと、わりと深い呼吸を繰り返します。腹式呼吸で深呼吸ができる方は、それがいいですが、深呼吸が苦手な方や呼吸が浅い方は、無理をせず、自分ができる範囲でゆっくり呼吸を繰り返してください。

私は、鼻で吸って口で吐く呼吸をしていますが、鼻で吸って鼻で吐く呼吸がやりやすいなら、その呼吸で全く問題ありません。自分自身がゆったり気持ちよく呼吸することが大切です。

呼吸をしながら、自分のからだに感謝しましょう。からだは魂の宮殿です。私たちの本質は魂ですが、魂だけでは地球で暮らすことはできません。からだという地球用のスーツがあって初めて、今の暮らしを楽しむことができるのです。
普段はからだを酷使しているかもしれませんが、地球にやってくるときにアイテムとして授かったものですから、働いてくれることへ感謝しましょう。頭の先から足の先まで意識して感じたり、細胞ひとつひとつに思いをはせてみましょう。
呼吸を繰り返すうち、頭が軽く、おなかがあたたかく、腰がどっしりする感覚になれるとよいです。

呼吸が整い、ゆったりできたら、自分の場所にしっかり根を張れるよう、自分の下半身が重くどっしりし、腰や足の裏から根が伸び、大木のように地面を深く降りて地球としっかりつながることをイメージします。木の根のほか、腰まわりほどのパイプが伸びるなどのイメージでもオーケーです。イメージしにくければ、頭は軽く、下半身が重いことを意識するだけでも大丈夫です。このように、地に足をつけるエネルギー的な行いを「グラウンディング」といいます。

このときに、天から一筋の光が降りてきて、自分自身の頭頂からスーっとからだを貫くようイメージします。さらに地下深く降りて、地球の深いところにたどり着きます。今度は、そこからだんだん上へと上がってきて、地面からからだを貫き、頭頂を抜け、光が天へまっすぐ上がるイメージを持ちます。こうすると、天・人・地が一直線に整って、天と地からの自然のエネルギーをからだに循環させることができ、からだの浄化につながります。ゆっくり数回ループできるとなおよしです。

こちらは「センタリング」です。イメージが難しければ、呼吸を整える前に、紙に絵を描いて、それをイメージするだけでもいいです。絵は、お日様の絵を上に、少し空間を空けて人間の絵、人間の足元に丸い地球を描き、まっすぐの線でつなぐだけ。グラウンディングもセンタリングも一度イメージしたあとは、ずっと覚えている必要はありません。

部屋をこざっぱりさせ、ゆったりした呼吸を繰り返し、グラウンディングやセンタリングができたら、自分のハートをペットへの愛で満たします。

ハートの層は、胸のあたりにあると意識してください。今、つながりたいペットを1頭だけイメージし、その子と今まで暮らしてきた、楽しい思い出、笑えるエピソード、癒やされる笑顔などを思い出してください。目は軽く閉じたままでも、頬がゆるみ、口角が上がっちゃいますよね。すると、からだが自然にゆったりゆるみます。

ありがとうとか、幸せという気持ちがからだ全体に満ち、胸のあたりから虹色に輝くシャボン玉が、大小たぁくさんあふれ出てきます。

あふれ出るシャボン玉をイメージできたら、その中に、ペットに伝えたい感謝の気持ちを吹き込みます。おうちにきてくれてうれしいよとか、あのとき、慰めてくれてありがとう、とか、いつもお留守番助かるよ、とか、短いセンテンスを届けましょう。

自分自身の愛や感謝の気持ちが込められた、虹色に輝くシャボン玉がふわふわとペットに届くのをイメージします。

シャボン玉がペットの中にふわぁっと入ったのを見届けると同時に、自分のおなかがあたたかいことを感じてみてください。両手をおなかに添えてもいいですね。おなかではなく、手があたたかくてもオーケーです。

このあたたかさは、あなたのペットがあなたの愛を受け取ったという合図です。ハートの層で起きることは、イメージと同時に、自分の胸やおなかのあたりで感じるものです。ハートの層があるのが、そのあたりだからです。どこか遠くのイメージ空間ではなく、自分の中にペットからの合図を感じるのがベリーグッドです。

最初は、何も感じないと思います。今まで使っていなかった感覚ですから、感じなくてあたりまえと思っていただいて大丈夫です。ですが、ペットがシャボン玉を受け取ったら（ペットの中にシャボン玉が入ることをイメージできたら）、自分のおなかあたりに何か合図がくるとイメージしてください。あたたかさやかわいい色やハート形のイメージもいいですね。

おなかがあたたかいと思ったら、いつの間にか、あなたのペットがそこに座って尻尾をフリフリしていた……などのイメージもよいですよ。ハートの層は、からだの中に眠っている感覚器官ともつながっています。

この練習は、魂の非常事態に飛び起きる、普段はからだに眠っている感覚器官を優しく目覚めさせる練習でもあります。

胸やおなかで、ペットが受け取った合図を感じる、または感じたイメージができたら、合図をしてくれたペットにお礼をいって、「部屋に戻ろう、バイバイ」とハートの層でのコミュニケーションを終える合図をペットと自分に出します。これは、忘れがちですが、自分自身に戻るという大事な手順です。

深い絆で結ばれたペットと自分自身は、ハートの層では、意識せずともずっとつながっています。練習すると、無意識的な層だけではなく、顕在意識的なところ、つまりは意識できる「気持ち」のレベルでも、つながりが感じられるようになってきます。それは、とても素晴らしいことですが、気持ちレベルで、ずっとつながりっぱなしだと、共依存を呼んだり、相手を自分のよいようにコントロールし始めるなど、頭の影響を強く受けるので、好ましくありません。

練習をしたら、必ず終了の合図で終わるよう心がけてくださいね。

手順は、練習のたびに繰り返し、自分のものになるよう覚えてください。

3日目

ペットの合図を言葉に換える

2日目の手順で合図を受け取れましたか？　もし、合図を受け取ったことをうまくイメージできなければ、数日、そこまでを繰り返して練習してみてくださいね。

こざっぱりさせた部屋で、いすや床にゆったりと座り、軽く目を閉じて、ゆっくりと、わりと深い呼吸を繰り返します。呼吸をしながら、自分のからだに感謝しましょう。呼吸を繰り返すうち、頭が軽く、おなかがあたたかくなってきたら、グラウンディングとセンタリングを行います。

ここまでが準備です。ここまでできたら、自分のハートをペットへの愛で満たします。頬がゆるむような幸せ感があふれていたら、胸を広げ、虹色に輝くシャボン玉に思いを込めてペットに送ります。シャボン玉がペットに届くと、自分のおなかや胸のあたりや手など（またはその一部）にあたたかさを感じます。

昨日はここまででした。

今日は、このあたたかさを少し深く感じてみましょう。

このあたたかさを言葉にすると、どんな言葉になるでしょう？　ふわっと受け取った瞬間にやんわり浮かぶことを捉えてみてください。これが最も難しいポイントかもしれません。受け取ったあたたかみをじっくり観察してからの言葉は、もうペットからのものではなく、あなたが思うキーワードに変わっています。シャボン玉をふわんと受け取ったとき、何も思い浮かべられない場合は、あたたかみだけを感謝して受け取り、次から次へとやってくるシャボン玉をふわっと受け取っては感じてみましょう。

このあたたかみは、あなたからの愛をペットが受け取った「合図」です。受け取ったとか、キャッチしたとか、オーケーとか、ありがとうとか、ほんとに短い、印のような言葉だと思います。合図（しるし）ですから、頑張って、何とか言葉に変換しようとするのはNGです。

ここで注意！

「感じよう」とすると、からだに力が入って何も感じられなくなります。シャボン玉を受け取ることや、あたたかみを感じることを楽しんでくださいね。シャボン玉はキャッチした……と、幸せな気持ちでイメージしてくださいね。あたたかみは感じられなくても、今の段階では大丈夫です。

生まれてから今まで、ずっと眠り続けている感覚器官を優しく揺り起こす行為にチャレンジしているのですから、そう簡単にはいきません。

何十年も眠り続けている感覚器官なのですから、1度や2度、何かコンタクトがあったとしても、すぐには起きられないでしょうし、寝起きはものすごくぼぉーっとしています。私たちも、寝起きはボォーっとしていて、誰かに何かをいわれても、はっきりとは理解できませんよね。

動物と話すことは、誰もができるけれど、簡単ではないといわれるのは、眠っている子を起こすこのポイントを含んでいるからです。毎日毎日、シャボン玉を受け取ることを楽しんでいたら、きっといつかは開くでしょう、くらいに、気楽に構えているほうがきっといいです。シャボン玉のあたたかみを言葉にしたら何かな……と、考え続けると、感覚ではなく、頭（思考）が活発になり、いらぬことを教えてくれる可能性がとても高いです。

もし、頭（思考）が働き出したら、「自分のハートをペットへの愛で満たす」ところに戻って、幸せ感を満喫してください。その幸せを味わっているのはハートです。すぐに頭（思考）の声を小さくできそうでしょ？

ペットがシャボン玉を受け取った合図を感じられなくても、ペットがシャボン玉を受け取ったところをイメージできなくても、シャボン玉に上手に思いを込められなくても、ペットに愛のシャボン玉を届けられなかったわけではありません。自分自身の感覚やイメージする力がまだ弱くて、自分が出来事を感じていないだけで、ペットはちゃんと受け取ってくれていますから、どうかご安心を！

4日目

ペットに質問してみる

こざっぱりさせた部屋で、いすや床にゆったりと座り、軽く目を閉じて、ゆっくりと、わりと深い呼吸を繰り返します。呼吸をしながら、自分のからだに感謝しましょう。呼吸を繰り返すうち、頭が軽く、おなかがあたたかくなってきたら、グラウンディングとセンタリングを行います。

ここまでが準備です。ここまでできたら、自分のハートをペットへの愛で満たします。頬がゆるむような幸せ感があふれてきたら、胸を広げ、虹色に輝くシャボン玉に思いを込めてペットに送ります。シャボン玉がペットに届くと、自分のおなかや胸のあたりや手など（またはその一部）にあたたかさを感じます。そのあたたかさは、ペットがシャボン玉を受け取った合図でしたね。

合図を言葉にしてみよう……までが、昨日のレッスンです。

生まれてから何十年も眠ったままの感覚器官を優しく揺り起こす練習の、もっとも難しい部分なので、頭を働かせず、あたたかみを感じる練習は、あきらめずに何度も繰り返すことで、徐々に目覚めを促すことにつながると思います。

ポイントは、幸せ気分で受け取ること！　よし、受け取るぞと気合いが入った場合は、すでにからだに力が入っているので、感覚器官を目覚めさせることができません。幸せ気分でハートを見たし、頬をゆるめてシャボン玉をペットに届けることで、心もからだもゆったりゆるみ、パッカーンと胸（ハート）が開いて、感覚器官を揺り起こすことが可能になります。力を抜く、ゆるめる……は、アニマルコミュニケーションには、とても大切なことなんです。

そして、ひとつ変なことをいいます。

感じられなかったら、感じようとせず、感じたことにして先に進んでオーケーです。イメージの世界とアニマルコミュニケーションの世界は、エネルギー的にとても近いので、できたことにして先に進むうち、感覚器官が起きたり、活動を始めたりして、本当につながる状態になることが多いからです。もともとペットと飼い主さんは、すでにつながっているので、自分自身のハートが幸せな気持ちで満たされていたら、ペットもそれを感じています。ペットが感じていることを、飼い主さんがわからないだけなんですよね。だから、安心して前へ前へと進んでください。

イメージの世界を遊ぶような感覚は、精妙なエネルギーとつながりやすい層に私たちを連れていってくれます。私たちは、スピリチュアルな存在ですから、部屋にいながらにして、同時に自然の精霊や妖精たちが戯れる、精妙なエネルギーの世界に存在することもできるんですよ。ただ、それを頭（思考）がよしとしないので、頭を静かに保ち、ハートを幸せ感で満たし、ハートのほうを意識してレッスンを重ねるんです。

あなたのハートが開いて、そこから出てくる透明な虹色に輝くシャボン玉は、実はすでにあなたの愛でできています。ですからそれは、愛のシャボン玉なんですね。愛のシャボン玉に愛の言葉を入れて、濃厚な愛をペットに届けていました。

自分のハートをペットへの愛で満たしたら、今日はシャボン玉に、愛の言葉ではなく、ペットに聞きたいことをひとつ入れて届けてみましょう。

最初ですから短いものがいいですね。ペットからの答えを聞いたら、自分がうれしくなるような設定をしても構いませんよ。

・ママのこと好き？　・ママは優しい？　・ママのゴハンおいしい？　などなど……。

もちろん普通に聞いてみたいことも大丈夫です。

・リビングはあたたかい？　・寝るときのペットヒーターは快適？　・今日の夜、お散歩に行く？　・ジャーキーは好き？　・今は眠い？　・おなか空いてる？　・りんご食べたい？　・お洋服は好き？　などの短いセンテンスがいいですね。

前回までは、ペットが受け取った合図として、あなたのおなかのあたりがあたたかくなりましたが、今回は、おなかやハートのあたりに、やんわりした答えを感じてみてください。前回との違いにとまどう場合は、ペットに届けたシャボン玉をペットが受け取って、今度はお返事を入れたシャボン玉がペットから届くとイメージしてください。おなかや胸のあたりでシャボン玉を受け取り、受け取った最初の感覚を言葉に直してみてください。最初のふわんとしてぼんやりとした感覚です。

「ママのこと好き？」

ふわーーーんと飛んできたシャボン玉に触れると、

「大好きだよー♡」と、いったように感じる……かもな……と、思ったらそれが答えです。

あーでもない、こーでもない、とこねくり回すと、頭（思考）が働き、勝手なおしゃべりを始めてしまうから要注意です。わからない場合は、そのシャボン玉は、ありがとうと受け取るだけ。受け取って、自分自身のハートに入れてください。そして新たに、同じ質問をシャボン玉で届けましょう。万が一、頭(思考)の働きが活発になってしまったら、また自分自身のハートをペットへの愛で満たしてくださいね。

ハートが愛で満ちているとき、私たちは、色眼鏡も着膨れた服も脱ぎ捨てた状態です。ペットは、純粋な愛の存在ですから、そのペットと同じ質の愛が内側から満ちたとき、私たちは気づかぬうちに、素のままの自分に戻ることができています。

そして、愛で満ちた状態のとき、からだの感覚器官が未発達だろうが、眠っていようが、ペットは、ハートの層で飼い主さんの思いをていねいにキャッチしてくれています。

彼らは、感じることがとっても得意。感じるって受け取ることなんですよね。そして、私たちは、どちらかというと、届けることが得意です。自分自身もペットも、穏やかで落ち着いた状態のときに、愛に満ちてから、聞きたいことを届けると、ペットは必ず、内容を理解しています。ペットからのお返事を受け取れなかったとしても、ペットには内容がわかっていますし、ペットはお返事を返しています。

「ママは、あなたからのお返事をまだ上手に受け取れないけど、お返事ありがとうね。また練習させてね。部屋に戻ろう、バイバイ」と、お礼と終了の合図を送るのもいいですね。

このような長いセンテンスの場合、シャボン玉に入りきれないとかシャボン玉をイメージする余裕がないという事態が発生するかもしれません。その場合は、すでにつながっているハートの層がありましたよね。シャボン玉はそのハート層でやりとりしているわけですが、シャボン玉ではなく、言葉がそのままフワフワ浮いて、ペットに届くとイメージしても、全く問題ありませんよ。イメージ映像をつくることに力を使って、集中力が欠けるよりは、イメージはそこそこでも、愛に満ちた気持ちよさをキープすることのほうが大切です。

5日目

ペットの思いを受け取れるよう、「場（環境）」を整える

ペットとお話しする練習は、4日目までを繰り返すことですが、本日からはエネルギーを意識します。まずエネルギーの場という、環境を整えるアイテムをご紹介します。いろいろありますから、自分にあったものを取り入れてみてくださいね。

・空気を入れ替える。

朝一番に、家の窓という窓を開けて換気し、夜の間によどんだ空気を入れ替えます。これは、日常の習慣にするとよいでしょう。

・ホワイトセージを焚く

ホワイトセージ（ハーブ）は浄化によいといわれ、ネイティブアメリカンなどが儀

式に用います。これを耐熱容器などに入れて火をつけ、その煙で部屋を浄化します。束ねたものやリーフのままのものが、専門店などで販売されています。ペットは別の部屋に移動しておきましょう。セージを焚き終え、少し換気して空気が落ち着いてから、ペットを戻してください。

我が家でセージを焚くときは、アニマルコミュニケーションをするスペースを重視し、その場所のみに煙を漂わせます。部屋全体を浄化するわけではないので、愛犬たちは同じリビングにいますが、煙が直接届かない場所で寝ています。

・ヒーリング音楽を流す

音楽も音の波動で部屋を浄化することができます。昨今は、たくさんのヒーリングミュージックがありますから、お好みのものを小さい音量でかけて、部屋の波動を整えるとよいでしょう。アニマルコミュニケーションの間も、気にならないのであれば、小さな音で音楽を鳴らしておくのはお勧めです。一定のクリアな波動に部屋を保ち続けることが可能なので、気がまわりやすく、ペットともつながりやすくなります。

・水晶を置く

水晶は、強力な浄化アイテムです。アニマルコミュニケーションを行う部屋に置いておくと、部屋を浄化するだけではなく、ネガティブなエネルギーも遮断します。

原石のほうが、浄化力が強いと思いますが、部屋の四隅に、ポイントを置いて結界を張るのもお勧めです。私は、レイキの伝授やアニマルヒーリング講座の際には、講座用に借りたレンタルスペースの四隅に、必ず水晶のポイントを置きます。こうすることで、場を浄化し、不要なものが入らないよう守護されます。水晶は、ネガティブなものを自分に取り込む性質があるので、定期的に流水（水道水でオーケー）で浄化する必要があります。

・キャンドルを焚く

キャンドルの火は、ネガティブなものを燃やし、炎のゆらぎが私たちをリラックスさせてくれるお勧めアイテムのひとつです。ただし、他のものと違い、火を扱いますので、アニマルコミュニケーションの前に自分を整えるために使うのはよいですが、目を閉じたりして意識をキャンドルから離す場合は、火を消しておきましょう。

・アロマを焚く

植物からの恵みであるアロマオイルは、たくさんの花を集めても、少ししか採れない濃厚でパワフルなアイテムです。猫は、精油の成分を分解できないので、用いてはいけないといわれています。精油の種類によっては、犬にダメなものもあります。精油は自然の形とはかけ離れてしまっているので、効果もパンチが効いています。犬のいる場所でディフューズした場合は、5分のディフューズで、30分程換気すると間違いが起こらないといわれています。30分も換気をしていられないという場合は、犬を別の部屋に避難させるとよいですね。動物がいる部屋では、基本的に、精油を焚くのはお勧めしません。

さぁ、お気に入りの浄化グッズはありましたか?

朝一番で窓を開けて換気することは、毎日の習慣としてぜひ、取り入れてください。それ以外は、お好きなアイテムをいくつか(ひとつでもいいです)ピックアップし、自分自身の部屋の浄化に役立てるとよいでしょう。

環境を整えるアイテムを使ったあとは、コミュニケーションの練習です。

こざっぱりさせた部屋で、いすや床にゆったりと座り、軽く目を閉じて、ゆっくりと、わりと深い呼吸を繰り返します。呼吸をしながら、自分のからだに感謝しましょう。呼吸を繰り返すうち、頭が軽く、おなかがあたたかくなってきたら、グラウンディングとセンタリングを行います。

ここまでが準備です。ここまでできたら、自分のハートをペットへの愛で満たします。頬がゆるむような幸せ感があふれてきたら、胸を広げ、虹色に輝くシャボン玉に思いを込めてペットに送ります。シャボン玉がペットに届くと、自分のおなかや胸のあたりや手など（またはその一部）にあたたかさを感じます。そのあたたかさは、ペットがシャボン玉を受け取った合図でしたね。合図は感じられましたか？

ハートがペットへの愛であふれたら、ペットに聞きたいことを届けてみましょう。

ペットは、内容をすぐに理解して答えを返してくれます。ペットからのシャボン玉を受け取って、受け取ったその瞬間に、ふわんと感じるものを言葉に置き換えてみてください。それがペットからのお返事です。ペットからのお返事は、あくまでエネルギーとして私たちに届きます。エネルギーは固体ではなく、形を持っていませんが、質はあります。質は、くっきりはっきりしたものではなく、ふわぁっと柔らかいものです。それを感じて、感じたことを言葉に置き換える作業を瞬時に行なうのが、お返事を受け取るということです。

ペットとあなたは、すでにハートとハートが結ばれているので、実は自覚がなかったとしても、ペットのお返事を心の深いところではキャッチできています。現代人は、表層的な感覚と心の奥深い場所とのつながりがスムーズではないので、受け取っていないように感じますが、実は感覚が追いついていないだけで、受け取っているし、受け取ったことに対してまた、ペットにお返事を返したり、さらに質問を重ねたりしているかもしれません。

ペットからのお返事がわからないのは、自分の中のつながりが悪いことが原因です。つながりをよくするために、場を整えたり、心身を浄化したり、自然を取り入れたり、イメージ力を養ったり、見えない世界やエネルギーに敏感であるよう意識しましょう。バランスよく自分のあれこれを整えるだけで、ぐっとペットの気持ちを感じられるようになります。

自分のハートが愛で満たされたとき、私たちは素のまま、あるがままで、今ここにいることができるのです。このように、エネルギー的な層に関することは瞬時に変えることも可能ですが、自然と同調するからだをつくるとなると、日々、コツコツ積み上げる努力が必要になってくる場合もあります。幸せな気分で気持ちいい……を最優先させるのが早道ですから、生真面目に取り組む必要はありませんよ。ちょこちょこ楽しい気持ちでチャレンジするのがいいですね。

6日目

からだを浄化する

・朝、換気する際に、お日様を浴びる

朝、早ければ早いほど、空気が澄んでいてよい気が満ちているといわれていますが、人それぞれライフスタイルがありますから、「何時でなくてはいけない」とはいいません。自分のよい時間に、空気を換気してください。そしてその際、庭やベランダに出て朝陽を浴びましょう。朝陽を浴びると、体内時計がリセットされ、生活のリズムが整います。また、セロトニンという幸せホルモンが分泌され、心を安定してくれます。

また、朝陽の神々しいエネルギーは不浄なものを祓ってくれます。

・からだの細胞に感謝する

ほんの少し前まで、からだは、自分の持ち物と考えられていました。今は、借り物とされていますね。ですが、からだが魂のスーツになってくれるから、私たちは地球で暮らすことができますし、からだがスムーズに動くから、好きなライフスタイルを楽しめます。普段は、からだのパーツくらいしか意識しないかもしれませんが、からだをつくっている細胞ひとつひとつに感謝しましょう。さらに、細胞のひとつひとつが元気で明るくキラキラしているイメージをすると、細胞が活性化します。

自分のからだの細胞ひとつひとつに感謝を伝え、自分の存在に感謝しましょう。

私たちのからだは小宇宙。宇宙にあるもの全てが内側に存在しているといわれます。そのような壮大なからだを構成する細胞やミトコンドリアに思いをはせ、感謝を伝えることで、魂の宮殿である肉体がまとうエネルギーをクリアにします。

・頭皮のマッサージ

アニマルコミュニケーションのコツは、抜くことやゆるむことでしたね。気合いを入れるとからだがギュッと緊張するからNGでした。からだも心も柔らかなほうが、何事にも柔軟に対処でき、余裕が持てます。しなやかな発想につながり、先入観や常識にしばられないので、よいのです。からだ全体を柔らかくするレッスンもよいのですが、からだのかたさがネックになる人が出てくるかもしれません。

私たちが、宇宙からのエネルギーを受け取るのは、頭頂にあるエネルギーセンターです。宇宙とズレないためにも、頭皮をマッサージし、柔軟にしておくと、それだけでも、柔らかい考え方ができるようになって、受け取った動物の気持ちを理解しやすいかもしれません（動物は、私たちと考え方が異なる場合が多いのですが、そのような考えにも柔軟に対処できます）。

・自然塩のお風呂に入る

日本には、「盛り塩」の文化があるように、自然塩には、浄化の効果があります。入浴する際、自然塩をひとつまみ入れ、肩まで浸かって汗を流しましょう。からだレベルの発汗、保温、保湿、浄化の効果とともに、エネルギーレベルでも、オーラの汚れを取り去り、邪気を祓い、すっきり浄化することができます。

お風呂から上がったら、水分をとり、ゆったり過ごしてくださいね。

・上質な睡眠を充分にとる

睡眠は、とても大切です。私たちは寝ている間に、魂が必要な場所へ抜け出して、天界でヒーリングを受けたり、守護の存在たちと今後についてミーティングを行ったりしています。抜け出した魂とからだは、胸のあたりから出ているコードでしっかりつながっていて離れることはありませんから安心してくださいね。眠る前には寝具を整え、環境音楽やヒーリングミュージックを流したり、アロマをディフューズしたりして、リラックスできる環境を整えます。テレビやラジオ、読書は、交感神経が有利に働き、目が冴えてしまう可能性が大きいので、寝る前は控えましょう。

朝陽を浴びることは毎日の習慣として続けましょう。

ほかの項目は、お好きなものをピックアップしてぜひ、実行してください。

こざっぱりさせた部屋で、いすや床にゆったりと座り、軽く目を閉じて、ゆっくりと、わりと深い呼吸を繰り返します。呼吸をしながら、自分のからだに感謝しましょう。呼吸を繰り返すうち、頭が軽く、おなかがあたたかくなってきたら、グラウンディングとセンタリングを行います。

ここまでが準備です。ここまでできたら、自分のハートをペットへの愛で満たします。頬がゆるむような幸せ感があふれてきたら、胸を広げ、虹色に輝くシャボン玉に思いを込めてペットに送ります。シャボン玉がペットに届くと、自分のおなかや胸のあたりや手などにあたたかさを感じます。そのあたたかさは、ペットからシャボン玉を受け取った合図でしたね。合図は感じられるようになりましたか？

ハートがペットへの愛であふれたら、ペットに聞きたいことを届けてみましょう。

ペットは、内容をすぐに理解して答えを返してくれます。ペットからのシャボン玉を受け取って、受け取ったその瞬間に、ふわんと感じるものを言葉に置き換えてみてください。それがペットからのお返事です。ペットからのお返事は、あくまでエネルギーとして私たちに届きます。エネルギーは固体ではなく、形を持っていませんが、質があります。質は、くっきりはっきりしたものではなく、ふわぁっと柔らかいものです。それを感じて、感じたことを言葉に置き換える作業を瞬時に行うのが、お返事を受け取るということです。

7日目

心の幅を広げる

からだの次は心です。からだは主に、浄化することが大切でしたが、心は、縦横無尽に広がる自由さが大切です。私たちは普段、自分の立ち場を重要視し、反対意見を取り下げたり、意に沿わないものをジャッジしたりして、自分の立ち場を守ったりします。

アニマルコミュニケーションで大切なのは、どの立ち場にも立てることや、どんな立ち場にいてもジャッジせず、その立ち場だから見える景色を楽しむ余裕を持つこと。そのための練習となりそうなことをピックアップしました。

・感謝リストをつくる

私たちは、すぐに気分を害しやすい生き物です。気分が低迷しそうになったら、幸せな気持ちを取り戻すことができる、ちょっとしたリストがあれば、すぐによい気分を取り戻すことができます。

これまでの人生で感謝したいものや出来事、人などを書き出してみましょう。落ち込むようなことがあっても、このリストで再び感謝の気持ちが起こり、気分が上がるに違いありません。

・色の呼吸をする

今まで、呼吸の深さや質に多少はこだわってきましたが、今回は「色」です。虹の7色をひとつずつ使って、全体を整えます。まず、赤の呼吸です。吸う息とともに、赤色がからだの中に入り、吸う息とともに、不必要なものがからだの外に出ます。赤の次は、橙《だいだい》、黄、緑、青、藍《あい》、紫の順に呼吸します。

・映画を見る

感情の練習なのでAの立ち場の感情を味わい、Aとは反対のBの立ち場も味わう。このようにして、より多くの感情を味わってみると、ハートの容量を増やすことにつながります。

・おなかに手をあて、からだの声を聞く

ハートの思いを感じているつもりでも、たいていは、頭の考えを聞いています。頭から少し意識を外しておなかに手をあてて、あたたかさや触った感触に注意を向け、からだからのメッセージを感じてみましょう。

・月のリズムで暮らしてみる。

私たちは、太陽暦（グレゴリオ暦）で暮らしています。ですが、自然に同調した感性を養うには、月のリズムを生活に取り入れることが大切です。

地球の母といわれる月の満ち欠けに合わせた暮らしは、いのちを輝かせるヒントとなることでしょう。

・寝る前に感謝をする

今日1日を振り返り、眠る前にありがとうと思える出来事を思い出し、感謝の気持ちを伝えましょう。

こざっぱりさせた部屋で、いすや床にゆったりと座り、軽く目を閉じて、ゆっくりと、わりと深い呼吸を繰り返します。呼吸をしながら、自分のからだに感謝しましょう。呼吸を繰り返すうち、頭が軽く、おなかがあたたかくなってきたら、グラウンディングとセンタリングを行います。

自分のハートをペットへの愛で満たします。頬がゆるむような幸せ感があふれてきたら、胸を広げ、虹色に輝くシャボン玉に思いを込めてペットに送ります。シャボン玉がペットに届くと、自分のおなかや胸のあたりや手など（またはその一部）にあたたかさを感じます。そのあたたかさは、ペットからシャボン玉を受け取った合図です。

ハートがペットへの愛であふれたら、ペットに聞きたいことを届けます。

ペットは、内容をすぐに理解して答えを返してくれます。ペットからのシャボン玉を受け取って、受け取ったその瞬間に、ふわんと感じるものを言葉に置き換えてみてください。それがペットからのお返事です。ペットからのお返事は、あくまでエネルギーとして私たちに届きます。感じたことを言葉に置き換えてみましょう。

8日目

イメージする力を養う

これまでのアニマルコミュニケーションの経験上、動物たちは、映像を伴うと理解しやすいように思います。どのようなことも言葉のエネルギーだけではなく、映像（イメージ）を描いて一緒に届けると、より具体的にわかりやすいと思います。イメージはとても大切です。イメージは、思いを形にする力でもあります。

・イメージトレーニング

これは、私の通信講座のプチレッスンにもありますが、りんご、みかん、バナナ、グレープフルーツ、いちごの果物のイメージを思い浮かべます。その中から1つ選んで皮をむき、口に含んで味を楽しみます。1つ食べて（イメージ上でです）、次の果物へと進みます。このトレーニングは、イメージするということが、どういうことかよくわからないという方でもできる簡単イメージ法でありながら、具体的なことや微細なことまでイメージできます。これが、動物にイメージを送ったり、動物からのイメージを受け取る練習になります。

・エネルギーの矢をからだから抜く

私たちは、実に多くの人たちとエネルギーの交換をしています。中には、望まないエネルギー交換があったかもしれません。

まず、大天使ミカエルを招きましょう。そしてイメージの中の自分のからだに、古いエネルギーの矢や、厳しい矢、不本意ながら受け取った矢などを見つけたら、そおっと抜き取り、そばにいる大天使ミカエルに渡して、浄化してもらってください。

・エネルギーバランスをクリアにしてから眠る

こちらは寝る前の儀式です。大天使ミカエルを部屋に招きます。今日、外からついてしまったエネルギーは、速やかに元に戻りますように。今日、外につけてしまったエネルギーは、クリアになって私に戻ってきますように……と祈ります。すると、今日1日のエネルギー交換がクリアになり、ゼロの状態に戻ってから眠りにつくことができます。その状態だと、余計なエネルギーを背負うこともなく、誰かにエネルギーをつけっぱなしにすることもないので、軽く快適なまま眠りにつくことができます。

今回はひとつ、新しい手法で、ペットと意識を合わせてみましょう。

まずは、いつもどおり、こざっぱりさせた部屋で、いすや床にゆったりと座り、軽く目を閉じて、ゆっくりと、わりと深い呼吸を繰り返します。呼吸をしながら、自分のからだに感謝しましょう。呼吸を繰り返すうち、頭が軽く、おなかがあたたかくなってきたら、グラウンディングとセンタリングを行います。

自分のハートをペットへの愛で満たします。

このあと、愛で満ちた幸せな気持ちを保ったまま、薄目を開けて半分だけ、部屋に意識を戻します。

シャボン玉を送るのではなく、ペットの名前を心の中で3度呼びます。

次に、ペットがこっちを向いてくれてうれしいと想像します。それから、ペットを見ながらその場で「大好きだよ」と愛の言葉を3度、心の中で繰り返します。言葉は、短いセンテンスで感謝が伝われば、「おうちにきてくれてうれしい」「一緒にいられて幸せ」等でももちろんオーケー。

これが、ペットと意識を合わせ、ハートでペットに気持ちを届けた状態です。

飼い主さんの場合は、直接、声を出して「大好きだよ」といったほうが、ペットの反応がいいので、この練習はもどかしいかもしれません。集中できないようであれば、最初は、ペットに声をかけてペットの様子を見る……でもよいでしょう。

ここでいったん、ペットの様子を優しく観察しましょう。

自分自身も心地よいまま、ゆるやかな呼吸を続け、そのエネルギーフィールドを保ちながら、名前を呼んだペットの様子をうかがいます。

ハートの空間と実際の部屋では、タイムラグが発生しますので、動物が何か反応してくれるまで時間がかかると思いますが、ひょっとしたらわずかでも、こちらを見るとか、尻尾を振っているとか、寝ていたけれど寝返りをしたとか、実際の空間で、小さな反応を見ることができるかもしれません。

名前を3度呼んだときの反応がわからない場合は、目を閉じて、今いる部屋を想像し、ペットの名前を3度呼び、反応したところをイメージで補ってください。

えっ、それって妄想じゃないんですか？　って思いますよね。ええ、いいんです。想像するところと実際にエネルギーが動くところは、とても近くにあるんです。練習を始めた最初のころは、つながりもまだらで、イメージを投げかけている間に、ふっとつながる瞬間が訪れたりします。また、外れてしまうのですけれどね。ですから最初は創造力で補いながら、ペットのエネルギーを感じるということも、大切な練習になるんですよ。

実際の動物は、性格によっては、わかっていても反応してくれない子もいます。ですから、反応だけを見て、ダメだ、できていないと思うのは、とてももったいないです。想像力は創造力。できたことにして次に進むくらいの大らかさは、アニマルコミュニケーションの練習では、歓迎すべきことです。

9日目 エネルギーに触れる練習

アニマルコミュニケーションは、エネルギーワークの側面が強いと私は思っています。ですから、清浄な空間や自分のエネルギーを整えること、安全・安心・大丈夫な空間で行うことなどを大切にしています。

今回は、光で自らを浄化する方法や、外側からきたエネルギーへの対処法などを練習してみてください。

・ゴールドの光

目を閉じて、ハートの鼓動を感じながら深呼吸（または自分自身が楽な呼吸）をします。天界からのゴールドの光が頭頂からからだに入り、上から順番にからだの細部を清めるとイメージします。最後は足の裏から地球へとゴールドの光が抜けていきます。終わったらゆっくり目を開けて意識をハッキリさせましょう。

・自分以外のエネルギーから自分を守護する方法

まず、たくさんの人がいる場所へ出かける際、ミラーボールのようなキラキラした卵形にすっぽり入ります。そのまま人混みに出ると、他の人からのエネルギーはキラキラにあたって元の場所に戻ってくれます。帰宅後は、卵形から出て、守護を感謝しますとお礼をいうと、仕事が終わった卵形はシューっと消えます。

次に、電話からの不要なエネルギーを遮断する方法として、受け取りたくないエネルギーを感じた場合、ゴールドの盾を電話と自分の間に設置します。話している間中、盾が不要なエネルギーを吸収し、ネガティブな言葉を聞いていたとしても、そのエネルギーを受け取らずにすみます。電話を切ったら、盾を片手で持ち、守護を感謝しますというと、卵形同様、シューっと消えます。電話以外にも、対面の相手との間に、等身大の盾を設置するのもオーケーです。

前日と同じ方法で、ペットと意識を合わせてみましょう。

まずは、いつもどおり、こざっぱりさせた部屋で、いすや床にゆったりと座り、軽く目を閉じて、ゆっくりと、わりと深い呼吸を繰り返します。呼吸をしながら、自分のからだに感謝しましょう。呼吸を繰り返すうち、頭が軽く、おなかがあたたかくなってきたら、グラウンディングとセンタリングを行います。

自分のハートをペットへの愛で満たします。

このあと、愛で満ちた幸せな気持ちを保ったまま、薄目を開けて半分だけ、部屋に意識を戻し、ペットの名前を心の中で3度呼びます。

3回というのは、宇宙の法則からきています。宇宙では、3度目には正直な答えをいうというルールがあるそうなんです。うそがつけないようなんですね。

次に、ペットを見ながらその場で「大好きだよ」と愛の言葉を3度、心の中で繰り返します。言葉は、短いセンテンスで感謝が伝われば、「おうちにきてくれてうれしい」「一緒にいられて幸せ」などでももちろんオーケー。

これが、ペットと意識を合わせ、ハートでペットに気持ちを届けた状態でしたね。

今回も、ペットの様子を優しく観察しましょう。自分自身も心地よいまま、ゆるやかな呼吸を続け、そのエネルギーフィールドを保ちながら、名前を呼んだペットの様子をうかがいます。

タイムラグが発生しますので、動物が何か反応してくれるまで時間がかかると思います。

名前を3度呼んだときの反応がわからない場合は、目を閉じて今いる部屋を想像し、ペットの名前を3度呼び、反応したところをイメージで補ってください。

シャボン玉を使わない方法には慣れてきましたか？　今回はさらに一歩踏み込み、質問してみましょう。

質問は、ゆっくり3度繰り返してください。質問の内容はペットの好きなこと。

「ササミジャーキー（ペットの好きなオヤツの名前）食べる？　ササミジャーキー食べる？　ササミジャーキー食べる？」と、こんなふうに心の中で質問します。そして、ペットの反応を見ます。タイムラグが発生すると思いますので、ゆったりとリラックスしたエネルギーフィールドを保持しながら、ペットの反応を待ってくださいね。

ペットが反応してくれたらありがとうと声に出して、時間をおかずに大好きなオヤツをあげてください。動物たちに「あとであげる」は通じません。せっかく答えたのに何もくれないんだと思われて、次回から反応してくれないということになるかもしれません。信頼関係を損なわないためにも、すぐに行動してくださいね。実行後は心の中で、「つながってくれてありがとう、バイバイ」と、終了の合図を送りましょう。

10日目

ペットから直接返事を聞いて言葉にする

昨日は、実際の行動で、動物に思いを伝えられたかどうかを確認しました。タイムラグがあったとしても、ペットは反応してくれたでしょうか？　反応してくれたら、通じているということ！　おめでとうございます。今回は、動物の答えをハートで受け取るという練習です。

これまでのレッスンでは、ペットの答えをシャボン玉を使って受け取ったり、実際の行動を観察してきました。最終日は「言葉のキャッチボール」ができるようになるためのレッスンです！

昨日と同じ方法で、ペットと意識を合わせてみましょう。

まずは、いつもどおり、こざっぱりさせた部屋で、いすや床にゆったりと座り、軽く目を閉じて、ゆっくりと、わりと深い呼吸を繰り返します。呼吸をしながら、自分のからだに感謝しましょう。呼吸を繰り返すうち、頭が軽く、おなかがあたたかくなってきたら、グラウンディングとセンタリングを行います。

自分のハートをペットへの愛で満たします。

このあと、愛で満ちた幸せな気持ちを保ったまま、薄目を開けて半分だけ、部屋に意識を戻し、ペットの名前を心の中で3度呼びます

ペットを見ながらその場で「○○（ペットが大好きなオヤツの名前）を食べる?」「○○（ペットが大好きなおもちゃの名前）で遊ぶ?」「なでなでしようか?」等、動物が大好きな、してほしがることを3度、心の中で繰り返し質問します。例を3つあげましたが、1つの質問を3度繰り返してくださいね。

質問する際、心で言葉を発するだけではなく、映像（イメージ）を一緒に送ると、ペットには理解しやすくなります。ササミジャーキーなら、ササミジャーキーをペットにあげているところをイメージするとわかりやすいですね。

「ササミジャーキー食べる?」と心の中で3度、映像とともに伝えたあとで、実際の

行動を観察するというより、今回は、ペットが醸し出すエネルギーを言葉にしてみましょう。

アニマルコミュニケーターの場合は、言葉を組み立てるのではなく、動物からやってきたエネルギーを瞬時に、日本語変換できるよう練習を重ねていますから、動物との会話のようなご報告になりますが、ハートとハートのコミュニケーションなので、ハートに入ってきたエネルギーが自分の中から湧き上がってくるのを瞬時に五感や六感で感じているわけです。

「ササミジャーキー食べる?」と聞いたとき、あなたのペットからは、どんなエネルギーがハートに流れてきましたか?

そのエネルギーを日本語で表現したら、どんな言葉に置き換わるでしょう?

置き換えを練習してみましょう。

質問を投げかけ、ペットを見ながら、自分の心に浮いてきたものを日本語にします。

「わおー、うれしい!」なのか、「食べる!」なのか、「2つちょうだい」なのか、「やったー!」なのか……。

ハートに感じたことは瞬時に変換するのが本当はベストです。

感じたエネルギーに最適な日本語をあてはめようと、こねくりまわしている間に、最初のエネルギーとは違い、頭で考えた妄想がドドドっと入ってきてしまうからです。

これは、人間ならばしかたがないことです。なるべくこねくりまわさず、瞬時とはいえないまでも、最初に浮かんだイメージを素直に表現しましょう。


ペットと飼い主さんは、すでに過去世からの絆があり、お互いの魂の思いを知っていて、ハートとハートがつながっています。ハートが得意なのは愛の気持ち。好きなことや好きなものは、実際の反応がわかりやすいとは思いますが、ハートで答えをキャッチするには、愛を伝えて愛を受け取るのがいいかもしれません。

ササミジャーキーではなくて、大好きだよ、とか、そばにいてくれてありがとう、とか、一緒にいてくれて幸せ、とか。

そういう愛の思いをひとつ選んで、ペットに伝え、ペットからの反応を感じてみてください。ペットからの反応は、はっきりしたものではなく、ふわぁっと立ち上るはかないイメージですから、最初は捕まえるのもなかなか難しいと思います。ですが、イメージの世界ってそういうものです。

大好きだよって、あなたが愛の気持ちをハートで伝えたとき、あなたのペットは、何と答えたでしょう？　あなたのハートに聞いてください。静かにリラックスしていたら、ペットからの思いが湧き上がってくると思います。

「私も大好き」なのか。「照れちゃうな」なのか。「ありがとう」なのか。


最初は、ほんとにわからないと思います。

人間の会話には、あいまいでふわぁっと立ち上るようなものはないからです。なので、ここでもイマジネーションを大いに活用してくださいね。あなたの愛の言葉に対してペットはこういった……とイメージすることから始めてもオーケーです。ペットに話しかけることが多くなると、ペットもうれしくて、ますます絆が深まります。人間同士のように、朝はおはようと挨拶する。帰ってきたら、ただいま。お留守番ありがとうね等、挨拶と思いを伝える言葉だけでも結構ありますよね。

ペットに通じやすいのは、映像を送ると同時に、気持ちを込めることです。

まず、自分が緊張していると、受け取ることができませんから、気持ちが軽くなったり、リラックスできたりする手法をいろいろ持っておくとよいですね。私は、伸びをする、愛犬をなでる、音楽を聞く、お香を焚く、甘いものを食べる、花を飾る、緑のある所を散歩する、風を感じる、絵の具やペン等、色が並んでいるのを見る、少し横になる……、ほかにももっとありそうですが、そんな感じかな。

自分のペットとは、すでにハートとハートでつながっていますから、ゼロからエネルギーを感じる必要はないし、テレパシーという技術を磨く必要もさほどありません。ただ、自分の中に愛が少なくなったり、枯れてきたりしてしまうと、ハートとハートでつながるのが難しくなりますから、自分を愛で満たすことは、日ごろからたくさんするとよいと思います。幸せだなって感じることを、日常にちょこちょこ差し込むような感じでしょうか。自然の中に出かける、ウィンドーショピング、スイーツを楽しむ、お風呂に入る、ハーブティーを飲む、好きな雑誌を見る、友だちと話す、絵や映画を見る、風に吹かれる、大きな本屋へ行く、ステーショナリーを見る等、幸せを感じる小さなことっていろいろありますね。幸せって数えると増えるらしいですよ！

ペットとの練習で、タイムラグの発生について何度か話しましたが、基本、動物はハートとハートのコミュニケーションが得意です。ハートで受け取ったことを、ハートで反応できたとしても、実際の行動にするのは難しかったり、タイムラグが発生したりするものだと知っておくと、気が楽かもしれません。そして、タイムラグがあったとしても、ちゃんと反応してくれるペットたちにはきちんと感謝をしましょう。

日ごろから、声に出してペットに挨拶や感謝の言葉を伝えていると、ハートでのコミュニケーションが円滑になりますよ。飼い主さんのエネルギーや愛の思いが日常的によくわかるようになりますからね。

動物と会話するには、やっぱり練習がとても大切です。

気持ちを楽にする練習、リラックスする練習、気持ちをゆるめる練習、そんな「抜く」練習も大事。

動物に質問を投げかけたとき、ふと細くはかなげに湧いてくる思いを受け取れるよう、何度も練習することも大事。自分の心身のバランスを整えることも忘れてはいけませんね。動揺しているときは全くもって受け取れませんから。

10日で、ペットの気持ちを知る練習……ですが、何度も繰り返し練習することが、ペットとの絆をさらに深め、気持ちを感じられるようになる順当な道だと思います。お互いが気持ちのやり取りに慣れてくると、質問を3回繰り返さなくても大丈夫です。あなたとペットはすでにハートでつながっていますから、それを信頼し、楽しい気持ちで絆を深めてくださいね。

同時に、自然と同調する感性を高めるとなおよいと思います。

Step3

光の国へ旅立った
ペットの声を聞く

亡くなった動物たちからのメッセージを聞く

飼い主は亡くなった子たちから何を聞く?

私は今まで、光の国へと旅立った動物とのアニマルコミュニケーションもたくさん経験させていただきました。亡くなってから依頼されるケースや、闘病中にアニマルコミュニケーションやヒーリングを行い、天寿を全うして光の国へ還ったあとにもお話しするケース等があります。

以前は、「亡くなった子へのアニマルコミュニケーションは1度だけ」と、決めていました。亡くなってからもコミュニケーターを通して密なお話ができると、その子に依存してしまって、生きている自分と亡くなったその子……という新しい関係を認められず、生と死があいまいなままであることが人生によくない状況をつくり出すのではないかと思ったからです。

ですが、飼い主さんたちから「亡くなったあとに1度だけしか話せないと思うと、いつお願いするのがベストなのか、自分でわからなくてずるずると先延ばししてしまう」というお話を聞いて、はっとしました。同時に、私のハイヤーセルフから、「そんなに厳しくてどうする？　聞きたいときに声が聞けること、亡くなってからも何度でも声を聞けることが安心感につながるでしょう。記念日に声を聞けるとうれしいじゃない。そこに依存するような飼い主さんはあなたのクライアントさんにはいないよ」といわれました。

それ以降、亡くなった動物であっても、制限なくお申し込みいただけるように変更しました。年に1度、光の国にいる動物のお誕生日にメッセージを送る飼い主さんや、ペットの命日にヒーリングを贈る飼い主さん、数年たってから近況とともに感謝を伝える飼い主さん等がいます。

私のアニマルコミュニケーションのメニューに、動物への質問3つのほか、動物にお手紙を書いて返事をもらうというのがあり、光の国の動物には、お手紙コースの飼い主さんが多いです。

ハイヤーセルフというのは、高次の自我とか真我とか本来の魂の私などといわれている、自分に関する次元の高いエネルギーです。肉体に入っているのが魂の一部分とすると、宇宙に存在する魂の大部分をさす言葉ともいえます。

私のハイヤーセルフは、真っ白な長い髪、真っ白なヒゲ、真っ白な衣装をまとったオカマ（！）のおじいさん。白い髪にすみれ色の小さなビオラを一輪飾っています。本人曰《いわ》く、どんなカテゴリーにも属さず、強烈な個性を表現する存在……なのだそう（単にオカマというカテゴリーじゃないの？　というツッコミをしたのは私です。笑）。

人間であれば誰にでも、そのような「高次元の私」が存在します。というか、本来は高次元の私のほうが本物なんです……という話をすると、話が長くなってしまいますので、ここでは解説いたしませんが、「高次元の私」が本当の自分なんだ、ということを心のどこかで覚えておいてくださいね。

動物たちのハイヤーセルフ

ハイヤーセルフはペットたちにも存在します！

びっくりしましたか？　ペットたちに心があることは、すでにおわかりだと思います。人間も動物も本来は魂の存在です。魂の一部が肉体に宿っています。人間は思考が大きくて、色眼鏡をかけ、たくさん服を着込んでいるので、自分の本当の姿は魂であることをすっかり忘れ、窮屈な自分を本当の自分だと思っています。

一方、ペットたちは、魂が毛皮を羽織っただけの存在。彼らは、思考に振り回されることがないので、色眼鏡をかけることもなく、窮屈な服も着ていません。彼らは、自分が今はポチをやっているけれど、実は魂の存在であることを、心のどこかで認識できています。だから、内なる声に素直に従って行動できるし、昨日でも明日でもない「今ここ」にずっと存在しています。

ペットという生き方を選んだ自分の使命が、飼い主の夢を応援したり、心を慰めたり、自分らしさに気づくサポートをすることによって、人間たちが愛の立場から地球の世話人として機能できるようにしむけることだとどこかで知っているのです。ペットはその使命に忠実です。飼い主に愛を教えることが彼らの魂磨きです。ですから、時にいのちがけで飼い主を助けるペットも現れます。飼い主をかばっていのちを失うペットや、重篤な病気になることで飼い主の生き方を変えるペット等がその例です。

ペットたちは、肉体を脱いで魂の状態に戻ることを、「光の国に還る」と私に表現します。彼らは肉体に存在するときから「光の国」が故郷であることを知っていて、魂の状態が本来の自分であることも知っているので、死を恐れることはありません。

肉体を持っていますから、当然、痛みや恐怖などのネガティブな体験は、ごめんこうむりたいと思っていますが、肉体を去ること自体は服を脱ぐような感覚です。ボロボロの服（毛皮）を着ているよりは、脱いでさっぱりしたいと思っています。

ですが、飼い主の気持ちを思い、脱ぎたい毛皮を必死でまとっているペットも少なくありません。彼らは飼い主を愛することで、飼い主に愛を教えていますから、飼い主の気持ちには忠実で本当に頑張ってくれます。

飼い主が「もういいよ」と言えるようになるギリギリまで頑張るペットはたくさんいますが、彼らにとって脱ぎたい肉体を脱げないのは本当はつらいことなんです。肉体を持っていることで、痛みや苦痛をたくさん味わわなければなりませんから。

光の国へ還るペットの置き土産

ペットは光の国に還るとき、飼い主の心に自分の魂の欠片《かけら》（絆星《きずなぼし》）を置いていきます。これはつい1年ほど前、私の愛犬が亡くなったときに知りました。

飼い主の心に置いた魂の欠片を通して、以後もずっと飼い主とペットの関係は続いていきます。「ずっと家族」「絆は永遠」です。ですから、ペットが光の国に還ってから何年たっても、魂の欠片を通してアニマルコミュニケーションすることは可能です。

ただ、何十年もたつと、事実と飼い主さんの記憶に隔たりができて、ペットに聞いた内容が飼い主のサポートとしてさほど機能しない場合も出てきます。「あのとき、どんなふうに思った？」というような過去のことを聞く場合は、飼い主の記憶が鮮明なうちのほうが、あいまいさがなくてよいのではないかと思います。

また、そのような過去を問う質問は、実は動物は苦手です。彼らは一緒にいるときも、亡くなってからも、常に「今ここ」にいる状態ですから、過去のことにはあまりこだわりがありません。ただ、魂の状態に戻ってもなお、飼い主さんへの愛は変わりませんから、過去に関連する飼い主の心の痛みを解放するようなメッセージをくれることは大いにあります。

そしてもちろん、あなたも光の国に還ったペットとお話しすることができます。

自分のペットなら、光の国に還った子のほうが、ひょっとしたらお話ししやすいかもしれません。ペットの魂は、より純化した光の存在となり、「家族としてやんわりひとつ」という枠を超えた存在となりますし、飼い主が動揺してしまうような出来事が起きるわけでもないからです。

もちろんペットロスという正常な悲嘆反応は抱えていると思いますが、ペットが光の国へ還ったという事実を受け入れることができれば、悲しいながらも気持ちを落ち着けることはできると思います。

一緒に暮らしているときはもちろん、光の国へ還ってからも、ペットとは愛でつながっています。亡くなったペットに愛の気持ちを届けることは可能ですし、彼らからお返事をもらうことも可能です。むしろ、苦しんでいるペットを前にすると、何か聞きたいと思うと動揺するので、彼らの思いを受け取るのは難しいですが、亡くなったペットとは心を落ち着けることさえできれば、つながりやすいと思います。

光の国の動物たちと話す方法

シャボン玉のなかでペットとつながる

では、どんなふうにお話しすればよいのでしょう？

基本は、一緒に暮らしていたときと同じですが、目の前にいるペットのエネルギーを体感するということができませんから、肉体のレベルを超えたエネルギーの世界（ペットの光の国）に愛を届ける必要があります。

ご自分の思いが光の国に届きやすいようお部屋という空間を整えます。亡くなったペットがいるところは、精妙な美しい光に満ちていますから、そこに思いを運んでもらえるよう、さらにヒーリング音楽をかけたり、お香を焚いたりして、空間を清浄にします。

ご自分を囲むように４つ、水晶のポイントを置いて、よりクリアな空間をつくるとなおよいでしょう。

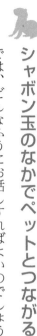

お清めの作業として水で手を洗ってください。手を洗うだけですが、からだやエネルギーフィールドから不要なものを全部洗い流して、清らかになるということを意識して洗ってくださいね。

お部屋に戻り、落ち着いて清浄な空間でゆっくり呼吸をします。軽く目を閉じているほうが雑念にとらわれなくてよいと思います。リラックスできていますか？　そこにいて心地いいでしょうか？　安心して空間に身を委ねられていますか？

ＯＫならば、神様に「私に天界から透明な虹色のシャボン玉を降ろしてください」とお祈りし、大きなシャボン玉にすっぽり覆われる自分をイメージしましょう（目を軽く閉じたほうが想像しやすいと思います）。シャボン玉の中は、誰にも邪魔されることのない、安心できる場所。そこは愛しかない虹色の美しい空間です。

幸せな気持ちでリラックスできていますか？　ＯＫなら、会いたい動物のお名前を3回呼びながら、その子をイメージします。モモちゃんならば「モモちゃん、モモちゃん、モモちゃん」と、モモちゃんを思い浮かべて心の中で3回名前を呼びます。

すると、モモちゃんがシャボン玉の中にやってきます。お転婆《てんば》なモモちゃんなら飛び込んでくるかもしれませんし、穏やかなモモちゃんならトコトコ歩いてやってくるかもしれません。慎重なモモちゃんならシャボン玉をコンコンたたいて安全かどうかを確かめるかもしれません。

どんなモモちゃんも、あなたを見つけると、安心してあなたのそばにやってきます。はっと気づいたらもう抱っこしていたということがあるかもしれません。

シャボン玉の中でモモちゃんと会えたら、再会できたことに感謝し、モモちゃんと心ゆくまでお話ししてください。シャボン玉の中で一緒にお話ししているというイメージが続く間は、ちゃんとお話しできています。

お話が終わったら、きてくれたことに対してお礼をいい、光の国に還ってね、と、お見送りしてください。お転婆なモモちゃんは、きたときと同じようにシャボン玉を飛び出すかもしれませんし、穏やかなモモちゃんはトコトコ歩いてシャボン玉から出るかもしれません。ヒュっとその場で姿を消す子もいます。

ペットを見送ったら、神様に「ありがとうございました。シャボン玉をお返しします」とお礼をいいます。シャボン玉がまた天界へと飛んで行くのを見送り、ご自分は手足や首を動かして伸びをします。現実に戻る準備ができたら、ゆっくり目を開けて、意識をはっきりとお部屋に戻してください。

万が一、天界へなかなか戻らないモモちゃんがいたら、神様にお礼をいうとき、「ありがとうございました。モモちゃんとシャボン玉をお返しします」といって、モモちゃんが入ったシャボン玉が天界へ還るところをイメージしてください。どんなモモちゃんもちゃんと光の国へ還ることができます。

リラックスしてイメージする

自分のイメージが続かなければ、神様にお礼をいってシャボン玉を返して、自分の意識を部屋に戻します。自分の動物を呼ぶことができたけれども、お話をする前にイメージが途切れた場合も、動物とシャボン玉を、いったん神様にお返ししてください。

その場合は、先ほどのように「ありがとうございました。モモちゃんとシャボン玉をお返しします」といってくださいね。モモちゃんが入っているシャボン玉が天高く登り、天界へ還るところをイメージできれば、イメージが途切れたままであっても、お祈りの言葉を心の中で唱えることで、モモちゃんは光の国に還ることができますから、安心してくださいね。

イメージって、自分でただつくり上げていると思っていませんか？

実はそうじゃないんです。精妙な空間で天と一緒になったイメージは、魂の世界とつながっています。とはいえ、自分で確信するのは難しいですよね。

つながっているか、いないかの見分け方は簡単です。あなたが、安心してイメージの世界に浸りきっているときがしっかりつながっているとき。途中で、これってほんとにつながっているのかな、とか、シャボン玉ってこれでいいのかなって思っているときは、思考が働いているので、そう思っている間はつながりが悪いときです。

はじめのうちは、イメージの世界に深く入ることが難しいでしょう。「リラックスして集中する」という状態が、つながっている状態ですが、からだが疲れていたり、ストレスが溜まっていたりすると、肉体的な問題を軽くするということが優先され、リラックスすると寝てしまうという現象が起こります。「リラックスしてリラックスする状態」ということですね。

この場合は、今は寝て、からだを整えてくださいという天界からの指令ですので、まずは養生してください。たいていの場合は、リラックスすると寝てしまいます。私も最初のころは寝てばかりでした。今でも、眠くなる場合があります。

その場合は、いったん、軽くひと眠りしてから、再度、アニマルコミュニケーションをします。イメージの世界というと、からだは無関係だと思う方も多いですが、決してそうではありません。魂レベルのことは、頭（思考）が感知しなくても、からだに反応が出るくらい、心とからだには密接な関係があります。

動物と話すことは、言語を使うことではなく、感じることですから、からだを大切にして、感じる感覚を養うことは、とても大切なことでもあるんです。

現代人は、普通に暮らしていても、電磁波等の目に見えないストレスにさらされ、人間関係に悩み、都会で疲弊していることが多いものです。

自然の中で過ごすと、電磁波等から解放され、自然からの贈り物をもらって、感覚が戻ってきたり、直感が働くようになったりするので、疲れて寝てしまう場合は、自然の中で過ごすことで大きく改善されるかもしれません。

また、自然の中で、シャボン玉を使う方法で光の国のペットとつながると、よりお話がしやすいと思います。自然の中では、お部屋を整えたり、浄化のために音楽を流したり、お香や水晶を準備したりする必要もありませんから（すでに自然がすべてを整えてくれているので）、そこに気持ちよくいるだけで、シャボン玉を呼べますね。シャボン玉だけはどこであっても必ず呼んで、その空間でお話ししてくださいね。

シャボン玉は自分のハートの特別なフィールド

シャボン玉の中は、安心・安全・大丈夫な空間です。色眼鏡や窮屈な服が全く必要ではなく、すべてを脱ぎ捨てて本来の自分でいられる場所です。いつもなら、なかなか自分からは脱げない服や眼鏡ですが、このシャボン玉に入るときは、自分で意識しなくても、気づいたら裸のような状態で身軽になれます。

おわかりかと思いますが、本来の自分にそぐわない、不必要なものとセパレートしている状態を「裸」といっているだけですから、イメージするときに、裸の自分である必要は全くありません。

地球では、からだが必要ですが、シャボン玉の中では、からだは重要ではありません。

……ということは？　はい。地球とはちょっと違う次元にいるということです。

不思議ですよね。人間は、生きながらにして、ちょっと違う次元に移動することが可能なのです。でも、日常的にも、そういう活動は行われていますよ。

たとえば眠るとき、私たちはからだを休めた状態です。この状態も、思考が働きませんから、窮屈な服や色眼鏡をはずした状態といえます。そのような状態で夢を見ます。夢にはいくつか種類があるといわれていますが、その中のひとつが次元間移動。亡くなったおじいさんと夢で会って励ましてもらった、とか、とても素敵な知らない場所で、親切な人から羽根をもらって飛ぶことができた、とか、不思議でつじつまが合わないけれども、気持ちが明るくなったり、悩んでいることのヒントをもらえたりする夢、ありますよね？

それは、寝ている間に、魂が必要なフィールドに出かけて、メンテナンスを受けたり、自分を守護する存在たちとミーティングを行ったりすることで、見る夢かもしれません。夢を見ることも、生きながらにして次元を移動していることのひとつといえると思います。

そう思うと、シャボン玉の中が、安心・安全・大丈夫な異空間であっても不思議ではありませんね。とても清浄で安全な、あなただけの特別なフィールドですから、安心して光の国の動物とお話ししてくださいね。

この方法は、光の国の動物に限定しなくても、出張先から家にいる動物と心を通わせたいとき、会社のお昼休みに家にいる動物に声をかけたいとき、同じ部屋にいるけれど、目の前にペットがいると態度が気になって心に話しかけるのが難しく、集中できないときなどにも使えます（この場合も空間は適度に清浄なほうがつながりやすくなります）。

これは、私が飼い主さんのために考えた方法ですが、ペットを目の前にするより、シャボン玉の中で会うイメージのほうが集中しやすく、つながりやすいと思います。

この方法であれば、読者のみなさんに実践していただきやすいでしょう。そのあとは、ステップ2のレッスンを参考になさってくださいね。

ペットと飼い主の特別な関係

光の国で動物たちはどう過ごしている？

肉体を脱いだペットたちは、みんな解放感でいっぱいです。

動物たちは、魂の姿こそが自分の本来の姿であると、感じることができているので、ほっと一息といったところかもしれません。

肉体を脱ぐとき、先に光の国の住民となった動物たちが、次元を超えて迎えにくるといわれています。次元を超えて……というのは、今生、ご近所だったり、一緒に活動したり、同じ犬種だったりして出会った動物だけではなく、過去世で一緒に過ごした動物も迎えにきてくれることを、アニマルコミュニケーションで知りました。

こんな例があります。

難病にかかったワンコの飼い主さんが、情報を得ようと検索し、同じ難病にかかっていたワンコの飼い主さんと、ブログを通じて仲よくなりました。その飼い主さんのワンコは一足先に天に召されましたが、うちのワンコと天国で友だちになれたらいいな、と願っていたそうです。

その後、愛犬が光の国へと還ったので、一足先に天に召されたワンコと出会えたかどうかをアニマルコミュニケーションで知りたいと、質問いただきました。ちゃんと出会えたそうです！

光の国で歓迎してくれたたくさんの仲間の中に、その子もいたんだそうです。特徴があったからすぐにわかったといっていました。ブログで知り合った飼い主さん同士、お互いの愛犬が天国で友だちになれますようにと願っていたから、どちらの愛犬にもそれが通じたのだと思います。

光の国に還ったペットは、飼い主さんの心の中に「絆星」として魂の欠片を残してくれます。それを通して、いつでも心を通じ合わせることができます。愛を送りたいとか、感謝を送りたいとかいう場合は、思うだけで瞬時に彼らに通じています。純粋な気持ちで送った思いは、すべてちゃんと届いています。

ただ、残念なことに私たちは、思いを受け取るのが、とっても下手なんです。

ずっとご説明しているように、私たちには頭（思考）があります。頭（思考）は、社会生活を営む際、集団の中でなんとかうまくやっていく考え方や手段を優先します。世間の荒波に対抗していこう、自分を有利にもっていこうとやっきになったり、比較やジャッジばかりしているため、次元の違う世界や種類の違う生き物の存在を、考えることはできても感じることができません。

「感じる」ことを忘れてしまった人間

そもそも「感じる」のは、思考の働きではなく、五感や第六感、つまり感覚器官や直感等、目に見えない世界とつながっている器官です。鼻が呼吸をするように、耳が音を拾うように。頭（思考）も、もちろん大切です。

地球で暮らす生き物の中で、人間だけが、他の種類の生き物のことや自然のこと、自然にない物質のこと、目に見えない世界のことやもっと他のことを「考える」「決断する」「判断する」「想像・創造する」ことができるんじゃないかと思います。

その優れた能力は、本来、地球ですべての生き物たちと平和に共存するために、どうすればよいかを考え、考えたことを実行するために備えられたものだと私は思っています。地球の世話人としての大きな役割が人間にはある……と。

ですが、人間は人間だけのことを考え、自分たちが便利に暮らせるように地球をコントロールしてしまい、結果、人間も暮らしにくい状態を招いてしまいました。21世紀は、そのことに多くの人たちが気づき、愛の目を開いて、生きとし生けるもの、みんなが平和に暮らせるよう、知恵を絞る時代にどんどん進化してゆくのでしょう。

頭（思考）は、悪者ではなく、上手に使うことがポイントです。今は絶対的に、頭（思考）が個人をコントロールしているので、感覚器官とのバランスをとるために、感覚器官を鋭敏にし、頭（思考）をおとなしくさせることが重要です。バランスがとれれば、相乗効果が格段にアップすると思います。

私たちが受け取るのが下手なのは、頭（思考）が大きく、感覚器官が萎縮しているからです。ですから、自然の中に出かけていくとか、シャボン玉をつくるとかして、感覚器官がイキイキと開かれる環境をつくったり、頭（思考）がお休みモードになるリラックス状態に心身を持っていったりすることが大切なのですね。

そうやって頭（思考）と心のバランスがとれると、心が活性化し、心の高次元の層にあるハートのスペースがオープンになって、ハートと直接つながる世界とのやりとりがスムーズになるんです。このような説明を読んで、なるほどそうかと頭（思考）が納得する機会を与えることも少しは役に立つと思います。

亡くなった動物と飼い主の関係

ところで、亡くなった動物って、自分がいたおうちのことを亡くなったあとからもよく知っています。ママが泣いてばかりいる……と教えてくれた子もいますし、お部屋が何となく暗いと感じた子もいました。私を供養してくれるコーナーがきれいでうれしいとか、ママが骨壺《こつつぼ》に話しかけているとか伝える子もいましたし、お供えのオヤツはミルク味のものがいいと、リクエストする子もいました。

飼い主さんが悲しい気持ちのときは、亡くなった動物も悲しい気持ちでいることが多いです。あの子がいなくなって悲しいと飼い主さんが思っている場合、光の国のあの子は、なでてもらえないことはさびしいと感じています。また、飼い主さんが、今までありがとうと、遺影に話しかけていると、亡くなった動物も、おうちで暮らせて幸せだった、と感じています。生きている飼い主さんと亡くなった動物という新しい関係になっても、飼い主さんと動物ってやっぱりリンクしているんですよね。

動物と飼い主さんは、特別な関係ですが、その関係は、一緒に暮らしたときだけではなく、生と死を超えてもなお、続く不思議な関係でもあります。

今生だけではなく、過去世からずっと、お互いに何度か転生を繰り返し、めぐり会い、学び合い、愛し合って、また、来世で出会うのですから。

どうやら動物には動物の、人間には人間の光の国があり、それぞれで魂が少しずつ溶け合って大きな1つを形作っているような感じです。グループソウルといったりしますね。

アニマルコミュニケーションで、亡くなった家族と亡くなったペットは、一緒にいるかという質問をいただくことがあります。ずっと一緒に暮らしていると答えた動物は今のところいません。

気づいたら一緒に街を歩いていた、とか、お散歩の時間になったら、どこからか突然、お父さんがリードを持ってくる、とか、お兄ちゃんどうしてるかなと思ったら向こうからやってきた、とか……。

たとえば、私たちが、亡くなった猫のサスケとおじいちゃんは、今ごろ、一緒にいるのかなぁと思うと、サスケとおじいちゃんが、光の国の街で一緒に歩くことになったり。最近、光の国へと旅立った愛犬に、数年前に亡くなったお兄ちゃんによろしくね、と私たちが思うと、ワンコがお兄ちゃんの様子を見ることができるというような。私たちの思いが、光の国に何らかの影響を及ぼしていることは、間違いない気がしています。

光の国では、それがあたりまえのようなんです。それって「思い」のなせるワザなのかもしれません。「思うとそうなる」ということです。

光の国から動物たちは飼い主に愛を送っている

亡くなった動物は、自分がいなくなったあとのおうちの様子や家族の気持ちを感じています。でも、亡くなってからもずっと動物の魂がおうちにいるわけではありません。光の国からずっとおうちを観察しているわけでもありません。私たちが光の国の動物のことを思うと、動物も同じように私たちを感じることができるみたいなのです。

動物が光の国へ旅立つと、これからはお空から見守ってねってよくいいますよね。見守りってストーカーのようにずっと監視しているわけではないと思います。

光の国の動物たちって以外と自由を満喫しているからです。

アニマルコミュニケーションで、飼い主さんから亡くなった動物に対して、よくいただくご質問に、「今、どんなところにいますか?」というのがあります。たいていは、草原のような気持ちいい場所で走っていたり、花がたくさん咲いている場所で甘い香りを楽しんでいたり、ふうせんに乗って大きな自然を感じていたり。

多くの動物は、「ときどきおうちにも帰っている」といいます。先ほど述べたように、確かにおうちの様子もよく知っていますから、そうなんだな、と思いますが、それは成仏していない状態とは全く違います。彼らは光の国も充分に楽しんでいるからです。


光の国へ行くときは、たくさんの動物たちがお迎えにきてくれて、パーティーのような楽しい感じで、みんなでワイワイと移行するようなんですが、過ごしている様子を聞くと、たいていの動物は、ひとりで自由を満喫しているスタイルでした。行く先々で、出会いがあって、一緒に走ったり遊んだりすることはあるようですが、基本はひとりです。これは、ひょっとしたら、私が動物のハートのエネルギーを感じるとき、その動物特有の精妙なものだけを感じようとしているからかもしれません。もう少し広いフィールドのエネルギーを感じれば、また違う風景を感じることができるのかもしれませんが、今のところ、私にはエネルギーが混在する大きな範囲を感じることはできません（そういうものが存在するかどうかもわかりません）。

飼い主さんからのご質問で、かなり多いのが「お骨《こつ》をどうしてほしいと思っているか」なんですが、結論からいいますと、「ママの好きにして」って感じです。この感覚は人間とは全く違うところです。

お骨へのこだわりってみじんもありません。魂とセパレートした肉体は、「自分」ではなく「地球」という感覚なんじゃないでしょうか。

私たちも、土に還るといいますが、動物たちは「地球に還す」……です。動物たちは、お骨への執着や愛着はかなり希薄ですが、お骨を大切に扱うご家族に対しては、私だったものを大事に扱ってくれてありがとうという気持ちは持っています。

私たちは、お骨のあるところにその動物がいるような感覚を持ちますから、お骨に話しかけたり、何かと大事にしますし、時にお骨を抱きしめて泣く飼い主さんもいらっしゃいます。

そのような様子を見て、動物はどんなふうに感じていると思いますか？

「私はママの隣にいるのに、ママはずっとお骨に話しかけてる。そこに私はいないのに」というふうに思ってますよ。

ですから、お骨とペットの魂は、分けて考えて構わないと思います。

転勤族だから、この地のお寺にお骨を収めると、お参りできないだとか、ペット霊園が遠くて頻繁に行けないとかお悩みでしたら、骨壺はご自宅に置いておいて構わないと思います。お骨をお寺に収めないと成仏できないということはありません。ですが、お骨がそばにあると、悲しいこと、つらいことばかり思い起こして、一向に立ち直れないという場合や、亡くなったペットに執着してしまい、残された同居動物や自分のことをなおざりにしてしまう等の場合は、お寺に預けたほうがいいですね。ペットはお骨への執着や愛着は特になく、それは自分ではないという認識ですから、飼い主さんが後悔しないよう、お気持ちのままにお骨を扱われたらよいと思います。

ちなみに我が家には小さな天使コーナーがありまして、亡くなった動物のお骨もそのコーナーに祀《まつ》っています。

動物は、光の国とおうちを行ったりきたりしています。

動物は、亡くなってからもなお、飼い主さんを愛し、応援する気持ちでいっぱいです。光の国に還ったから縁がなくなるわけではありません。今までとは違う「新しい関係」になることは間違いないですが、亡くなったから終わるということはありません。

からだに障害を持っていたり、病気だったり、年齢が高い子の場合、亡くなってからのほうが、ご家族を応援しやすいと感じている子も結構いるんですよ。肉体を持たないって、とっても自由のようなんです。

ただ、肉体を持たない魂というものは、固有の形をしているわけではなく、ふわぁっと広がるような柔らかい存在です。移動も瞬間移動のようですし、形を持たないので、あっちとこっちとそっちに点在することもできます。ほんとに自由で、私たちの論理的な頭では理解しきれません。

そんな自由な魂の存在となったペットたちは、生前と同じように、いやもっと純粋に愛の存在です。ペットというあり方を選んだ魂の多くは、光の国に還ってからも、ご家族に惜しみない愛を注いでいます。

光の国の動物たちからのメッセージ

亡くなった子は飼い主にメッセージを送っている

彼らが飼い主さんたちにメッセージを伝えたいときは、何とか気づいてもらえるように工夫してくれます。

彼らが伝えたいメッセージは、たとえば、今のママを応援しているからねとか、大丈夫だよと、励ましたい……とか、本当はここにいるんだよと知らせたい……とか、いつだって愛しているよと伝えたい……とか。本当にさまざまです。

愛の思いを清浄なエネルギーとして届けてくれるだけでも、おうちの気が整ったり、ご家族の気持ちが安らいだり、同居動物たちが安心したり、さまざまなよい影響があると思います。それだけでも充分な気がしますよね。

彼らはすでに肉体を卒業していますから、届けたい思いを体現することは、とても難しいのです。からだがないのですから、「体現」はできませんといったほうがいいでしょうか。

でもね、あらゆる方法で一所懸命伝えようとしてくれているのです。

私たちは、それを気配として感じることができます。

はい、「感じる」です。たとえば、懐かしいワンコの匂いが鼻をかすめたとか、コツコツといつもの足音が一瞬聞こえたとか、廊下を横切る気配がしたとか、声が聞こえたとか、同居犬が生前のその子の行動をするとか……。

同居犬が生前のその子の行動をしたからといって、その子が同居犬のからだを奪ったというわけではありませんから、どうか安心してくださいね。でも、一時的にからだを借りて、飼い主さんにアピールしているということはあります。

生前のその子と同居犬は、私たちが思うよりずっとお互いをよくわかっていますし、住む世界が分かれても、テレパシーでお話をしています（動物同士はもともとテレパシーでお話をしています）。ですから、亡くなった子に教えてもらったとおりに行動するということもあります。それが一時的なことではなく、その子からその行動を引き継ぐということもあります。たとえば、亡くなった子の仕事の1つが朝、新聞を持ってくることだったとして、同居犬がある日新聞を持ってきて、それからその子の習慣になったという場合は、引き継いだということですね。

どんなふうにメッセージがくるの？

話を戻しますね。亡くなった動物が私たちにメッセージを伝えようとするお話でしたね。気配やからだを借りることのほかに、たとえば黒猫だった子が、同じ黒猫や黒い蝶として現れるという場合もあるでしょう。

会いにきてくれたと思うだけで、ハートが愛で満たされる感覚になりますね。具体的な内容よりは、飼い主さんのハートを愛で満たし、愛で満ちたハートで飼い主さんが行動することを望ましいと感じてるんだな、と思います。

光の国の動物からの気配を感じたら、感謝の想いで受け取りましょう。

「モモちゃん、ありがとう」って。

何度も何度も同じ現象が現れるだとか、不思議なことに遭遇し、亡くなった動物が光の国から何かを伝えたいために起こしている現象ではないかと感じたときは、潜在意識ではすでにそのことに気づいている場合が多いです。ですが、考えれば考えるほど答えと遠くなるという場合もなきにしもあらず。頭（思考）が、自分で理解できる範囲でものを組み立てようとするからですね。

見えない世界からのメッセージは、動物からのものであってもそうでなくても、ふわぁっと柔らかく静かにやってきます。最初に「ん？」と思った瞬間が、内容を一番正確に捉えていると思います。くっきりはっきり具体的……ではないんですよ。

チャンスは一度ではありません。特に、光の国のペットからのメッセージだった場合は、彼らは手を変え、品を変え、丁寧にメッセージを送り続けてくれます。最初はわからなくても、あれとこれとそれが点ではなく、線でつながり、ああ、これを伝えてくれたのか、と、突然わかる……というようなこともあります。

ペットは、飼い主さんの今生の目的をサポートするお役目も担っています。あらゆる角度からメッセージを送ってくる場合は、愛しているとか大好きというようなたぐいのものではなく、人生のヒントになることの場合が多いです。悩みに関しての解決策のヒントだったり、迷っていることの答えにたどり着くためのヒントだったり。

あなたの心の深いところで、すでにわかっていることを、光の国のペットがキャッチして、飼い主さんの普段の生活レベルにヒントを投げ込んでくれたりするわけです。「ん？」と思うことがあったのだけれど、3つくらい、現象を感じたのだけれど、どうしても何のことだかひらめかないという場合は、光の国のペットに、「夢で教えてくれたらありがたい」とお祈りしてみてください。

夢であれば、頭（思考）が休んでいる間に見ることができますから、純粋に伝わる場合が多いです。ただ、そのような夢には、記憶装置が働きませんから、ぼんやり目覚めた段階で、メモをとっておくことをお勧めします。夢という形態のとき、私たちは、一番純粋にメッセージを受け取っています。

光の国のペットたちは、飼い主さんの今生の目的等に関するメッセージを送る際、飼い主さんが自分で気づくことを望んでいます。いくつかのヒントに「ん？」「あれ？」となんとなぁく感じ、ある日、「ああ！」と気づく。

自分で気づくことで、本当の自分とつながりやすくなったり、何か解放が起きたり、制限が外れたり、次のきっかけと出会いやすくなったり、行動しやすくなったりするからです。

ですが、考えてしまってグルグルする場合は、アニマルコミュニケーターを通して、彼らのいいたいことを教えてもらいましょう。「○○してはいけない」といったプレッシャーを自分に課す必要は全くないです。

ただ、ペットからのメッセージは、何でもアニマルコミュニケーターを通して聞くよりは、ヒントとなることに気づく楽しさや、本当にペットは光の国からも応援してくれているんだな、という実感する機会を大切にしていただきたいなぁって思います。

別の次元にいたとしても、愛を通してつながっているということを、少しでも感じていただきたいのです。感じる経験は宝物。そのような体験をしたあとならば、アニマルコミュニケーターの力を借りてもよいと思います。

そのときは、光の国のあの子に「メッセージを伝えようとしてくれてありがとう。まだ、よくわからないのだけれど、今回はこれ以上、時間をかけてはいけない気がするから、アニマルコミュニケーターさんに聞いてみるね」とお話ししてから、信頼できる通訳者を通して、その先を知るとよいと思います。

光のキャッチボール

光の国のペットとお話ししたくて、シャボン玉もやってみたけれど、どうもまだ妄想のような気がして、ペットの思いを信じられない、とか、そばにはきてくれるけど、お話が難しいという場合、「光のキャッチボール」をすると、光の国のあの子を心に描く機会が増えて、つながりやすくなるかもしれません。

この方法は、私の友人が亡くなった愛犬のアニマルコミュニケーションを申し込んでくれたときの質問がヒントになっています。

「光の国のあなたとつながるには、どうしたらいい？　私たちが何をしたらうれしく思ってくれるかな？」とたずねたとき、彼女の愛犬が教えてくれた方法をもとに考えました。

亡くなったペットのお写真、飾っていますか？　もしあれば、そのお写真に向けて、「モモちゃん（ご自分のペットのお名前）、おはよう。今日も楽しく過ごそうね。光のボールを投げるから上手にキャッチしてね」と話しかけてください。これは、シャボン玉に入ったりしなくても、心でお祈りのように思うだけで大丈夫です。

それから、キラキラ光るボールをイメージし、光の国のペットにポーンと投げてください。光の国では上手にキャッチしてくれますよ。

光の国のペットがキャッチしたボールは「今度は投げて」とペットに伝えると、投げ返してくれますから、ペットがボールを投げてくれたところをイメージし、しっかり受け取りましょう。受け取ったらまた投げてもいいですよ。

ポイントは、キラキラの光のボールをしっかり見て、きれいなキラキラを感じることです。キラキラの光のボールがペットとご自身の間を行ったりきたりしていると意識すること。何よりペットとのキャッチボールを楽しむことです。何回、往復してもよいですが、最低でも1往復はしてください。

仕事など外出する方は、最低でも1往復半。光のボールをペットに預けて、「これから仕事に行くから、帰ってくるまでに、あなたのお写真の前にボールを置いておいてね」と伝えて外出し、帰宅後、落ち着いてから、お写真のところにペットが置いてくれた光のボールをイメージで見てくださいね。光のボールは、いつもそこに置いておいてもいいですし、キャッチボールが終わったら、いつの間にかどこかへ消えていても大丈夫です。キャッチボールをするたびにイメージすれば、ちゃんと現れます。

光のボールは、好きな色をつけてください。ピンクのキラキラボールだとか、グリーンのキラキラボールだとか、ゴールドのキラキラボールだとか……。

気分によって色を変えてもいいですし、その日のイメージカラーを考えてもいいでしょう。これ、結構楽しくて、光の国のペットからのメッセージも受け取りやすくなりますよ。ペットのお写真の前だと緊張するとか、からだがやっぱりかたくなるという場合は、お風呂でリラックスしたとき、光の国のペットをイメージしてキャッチボールしてみるのもいいですね。


愛の気持ちは、光のボールのように次元を超えて、簡単に愛する存在まで届きます。神妙な気持ちになるとからだに力が入って、受け取ったことを実感できなくなるのですが、キャッチボールのように楽しくやり取りできると、リラックスして愛するペットと遊ぶ経験を重ねることができます。そうすることで、明るくリラックスした状態で気さくに光の国のペットとつながる経験を重ねられ、いつの間にか気さくに彼らとメッセージのやり取りができるようになります。

ただ、これも「しなければならない」と思わないこと。「ねばならない」は、自分を縛る言葉です。光の国とつながるときは、さまざまな制限がないほうがいいです。自由で穏やかな幸せ気分でいるときがつながりやすいと思います。

ですから、アニマルコミュニケーションの練習は、よし、やるぞ！ ではなくて、「はぁああ、抜けたぁ」な感じで、力を抜いてゆるむ練習なんです。面白いでしょう？「毎日、キャッチボールしなければならない」なんて、決して思わないでくださいね。反対に、ご自身の日常に、力を抜いてゆるめることをたくさんすると、それがアニマルコミュニケーションを身近なものにしてくれます。

力を抜くこと、ゆるむこと、なにもしないでぼーっとすること等、毎日の生活で楽しんでくださいね。楽しめないなら無理に行う必要はありません。今はタイミングじゃないのかもしれませんし、別のことに力を注ぐ必要があるのかもしれません。楽しめるなら、光のキャッチボールは、光の国のペットとお話しすることをサポートしてくれます。

Step4

なぜ、あの子は
我が家にきたの？

ペットは人間の魂を育てるためにやってきた

我が家にやってきたかわいいペット

ペットを見るだけで、心が安らいだり、あたたかさを感じたり、幸せな気持ちになったりしますよね。「ペットは家族」という考え方が、あたりまえになってきました。

そんなペットたちですが、オウム（寿命50〜60年）や亀（寿命30〜50年）など、平均寿命が長寿の動物でない限り、多くの愛しいいのちは、やがて私たちを追い越して、毛皮を脱ぎ、光の国へと還ります。

でも、それが順番としてはまっとうだと思います。ペットという存在を選んだ動物たちは、自分の力だけで生きていくことができないからです。彼らは、動物としては不自由で自然ではない環境の人間社会で、人間と共存しながら「人間の愛の質」を向上させるために私たちの元にやってきてくれました。

彼らは、自分たちのありのままの姿や、「今ここ」を生きるさまを感じてもらおうとしています。動物自身が純粋な愛の存在として機能し、自分が選んだ飼い主さんを信頼し、愛することで、人間に「愛」を教え、人間が愛の目を開いて行動できるよう促してくれています。

彼らのような存在がいてこそ、私たち人間は、人間以外へも目を向け、人間とは別の種属に愛情を感じることができます。そして、人間とは別の生き方を学び、人間とは別の存在を認め、人間とは別のあらゆるいのちと、バランスよく共存できるよう知識を使うことを学びます。

やがて、あらゆるいのちが平和な地球で幸せに暮らせるよう、人間が、「地球の世話人」としての役目を果たすことができるようになってゆくのだと思います。

私たちはペットを育てているわけですが、ある意味、人間はペットに育てられているともいえます。

近年では、飼い主さんが先に天に召されたり、老齢で施設で暮らすことになったため、ペットが路頭に迷うということが、大きな社会現象となっています。長寿社会で、ペットたちとどのように生きていくかは、今後の課題ともいえますね。

ある年齢を過ぎたら、ペットを飼わないということも選択のひとつです。でも、動物が好きで、これまでずっと一緒に暮らしてきた方は、ペットと過ごしたいのに我慢する生活は、たぶんつらくて毎日に張りがないと思います。

私は小さいとき、両親の不仲により、両家の祖母や叔父、犬、猫、小鳥、金魚たちと暮らしていた一軒家から、ペット不可のマンションへの引越を余儀なくされました。だから、動物が好きでずっと一緒だったのにペットがそばにいない、飼いたくても飼えない、という悲しさがよくわかります。老齢でも、動物と暮らしたい場合は、自分の健康にしっかり責任を持ちましょう。自分がいなくなったあとの引き受け先についても、考えておかなくてはいけませんね。そして、自分がいなくなったあと、自分の子どもが動物を飼うのを嫌がっているなら無理矢理押しつけるのではなく、喜んで引き受けてくれる友人や知人など、安心して託せる人間関係を築くことも大切です。

さらには、安心して任せられる社会のシステムができるとよいと思います。

ともに生きて学ぶ飼い主とペットの関係

ペットと飼い主さんは「特別な関係」だといつも思います。

過去世から何度も、お互いに転生を重ねて、また出会います。でも、動物の天国と人間の天国は別のところにあって、家族でもずっと一緒にいるわけではないようです。人間か、動物か、植物かというような種類によって、魂の質が異なるからです。

輪廻転生《りんねてんしょう》も、動物には動物の、人間には人間のシステムがあると思います。魂としては、別の次元で別の時間を過ごしながら、同じ時代の地球に生まれ、育つ過程でまた出会います。そして、ともに暮らし、お互いに学び合い、愛し合い、今生の目的を果たしてゆくのですから、「特別な関係」といわざるを得ません。

どうしてそのようなことが可能なのか、今の段階で私にはわかりませんが、ペットが亡くなるときに、飼い主さんの心のどこかに置いていく、魂の欠片（絆星。151ページ）が、何かの役割を担っていると思います。

過去世のどこかで、飼い主さんを愛し、夢を応援し、気持ちに寄り添っていのちを捧げたかもしれないペットはまた、飼い主さんの今生の目的をサポートするために、再び同じ魂を持つ飼い主さんとめぐり会います。

お互いに、過去世よりは魂そのものや関係がブラッシュアップされた状態で、また一緒に限られたいのちを生きるのですね。


魂はエネルギーなので、ふわぁっとした自由な状態です。個体や固形物のように形を持ちませんから、ペットたちの中でも、似たような質のものはひとつの魂となることも可能です。ペットは特に、純粋な愛を体現する存在ですから、毛皮をまとう前の魂の状態においては、質にさほど違いがないのだと思います。ですから、今生の飼い主さんを応援しやすい魂の状態で生まれてくることが可能です。

子どものころ、一緒に暮らしていた猫のココちゃんと犬のチロ君の魂が、大人になって出会った愛犬チコちゃんの魂をつくっているという場合があるということです。必ずしもココちゃん半分、チロ君半分というわけではありません。どちらかの質（魂）が多く入っていて、どちらかは少しで、もしかしたら新しい質（魂）も少し仲間入りしているかもしれません。

チコちゃんの魂の大部分をチロ君が占めていた場合、ココちゃんや別の魂がほんの少し分配されていても、チコちゃんは、チロ君の生まれ変わり……ということになるでしょう。もしかしてチロ君とココちゃんの魂が半分くらいずつであれば、チコちゃんは、チロ君とココちゃん、2匹の生まれ変わりといえると思いますが、そのような例には、まだ出会ったことがありません。以前よりは、飼い主さんの魂が成長していますから、ペットの魂も飼い主さんをサポートできる状態にカスタマイズされます。

ペットの魂は純粋な愛。ひょっとしたら光の国の、いくつもの魂が集まったグループ全体でひとつの大きな魂をつくっているかもしれません。ペットは、自分が今は、チコという犬の毛皮を着ているけれど、本当の自分は魂であることを顕在意識でもやんわり知っています。自分の魂の一部がチコという毛皮をまとっただけであって、大部分は天界にあるのだと。そして、天界の魂の思いを直感で受け取ったまま行動して、「今ここ」……を生きることを楽しんでいるのですね。

そのようなペットと暮らすことで、飼い主さんは、魂の自分（色眼鏡や何枚もの服を脱いだ状態）に目覚め、今生の目的に向かって進んでいきます。それがたとえ手探りだったとしても、ヒントはペットがその都度、与えてくれるでしょう。

クリスマスイブに天使になったチワワのモコちゃん

子犬との出会い、そして愛犬の死

会社員の真澄さんは、お父さん、お母さんと、シニア犬のチワワのモコちゃんと一緒に実家で暮らしていました。

ある日、お母さんが足にけがをしました。治療は順調に進み、リハビリの段階に入ると、自分の散歩のおともをしてくれる子犬を突然連れて帰ってきました。

真澄さんはびっくり！　でもモコちゃんは、心臓やほかにも病気を抱え、投薬や通院が必要です。お母さんの散歩のおともはできません。子犬を励みにリハビリにも力が入るならいいかな、と、納得したのだそうです。

しかし、新たにがんが発覚し、お母さんはあっけなく天に召されてしまいました。

バタバタとお葬式等一連のことをこなし、一息ついたころ、今度はモコちゃんの病が悪化。亡くなったお母さんの愛犬クル君は、モコちゃんに遊んでほしくてしつこく体あたりする日々で、真澄さんはハラハラしっぱなし。お母さんの死に落ち込む余裕もなく、気が休まるヒマもありません。

今後のことを考え、真澄さんは会社を退職し、在宅で仕事を始めました。お母さんは、散歩のおともに……といっていたけれど、勘の冴えた母のこと、実は自分のためにクルを家族に迎えたのではないかと、真澄さんは感じていました。

モコちゃんをなだめ、クル君をしかり、お父さんの世話もして、家事も仕事も精一杯頑張りました。気にかけてくれる伯母さんや友だちもいます。疲れたり、体調が悪かったりしても、寝込むこともなく、なんとなく日常がまわってきたと思っていたとき、モコちゃんが肺水腫を併発して入院することになったのです。

発見が早くて助かったと思ったのもつかの間、気官虚脱が起きて咳《せき》が止まらなくなりました。それから数日後、呼吸困難の末、モコちゃんは天使になりました。天使にぴったりなクリスマス・イブの朝でした。

真澄さんは、何度かアニマルコミュニケーションやヒーリングを受けてくださっています。それだけではなく、遠方から私が住む名古屋まで、「アニマルヒーリング講座」

や「レイドウレイキヒーラー養成講座」を受けにきてくださいました。ですから、モコちゃんは晩年、真澄さんのヒーリングによって、日常的に慈愛のエネルギーを注いでもらっていました。大きく体調が崩れたときは、私が依頼されて、アニマルコミュニケーションとヒーリングを行う「アニマルコミュニケーションセラピー（ACT）」を遠隔で行いました。モコちゃんが持病の心臓や頸椎《けいつい》の空洞症、さらに肺水腫や気管虚脱にかかっても、何とか持ち直し、真澄さんや、やんちゃなクル君との穏やかな日常を楽しめたのは、真澄さんの大きな愛情と精妙なヒーリングのエネルギーに包まれていたからではないでしょうか。

死後1年たってからのアニマルコミュニケーション

モコちゃんが光の国に還ってそろそろ1年たつかな、というころ、真澄さんからモコちゃんの声を聞きたいと、アニマルコミュニケーションの依頼がありました。お母さんが亡くなって間もなく、相棒だった大切なモコちゃんまで光の国へと見送った真澄さんは、彼女がいなくなったさびしさをクル君と分かち合い、1年たった今では2人というか1人と1匹……は、なんとかよき相棒になりつつあるようでした。

1年前のクリスマス・イブは、街を行くみんなが笑顔で何だか幸せそうなのに、自分だけが取り残されて世界で一番孤独……と思っていた真澄さんですが、メールを拝見すると、長いようで短い、短いようで長い不思議な1年……とありました。

モコちゃんの命日であるクリスマスイブまでに、彼女にお手紙を書くのでお返事をアニマルコミュニケーションでもらってくださいますか？ というご依頼でした。もちろんOKです 真澄さんは、お手紙を何度も何度も書き直したそうです。私が余裕をもってアニマルコミュニケーションをできるよう、12月の中ごろには、お手紙がメールで送られてきました。

お手紙のなかにあった、「ばば（真澄さんのお母さん）に会えましたか？」という質問に、モコちゃんは次のように答えました。

「ばばちゃんにはときどき会えるよ。

でも、どうやって会うのかわからない。

歩いてたら急に一緒になるの。

町みたいなところ。

お店には寄らないで一緒にお散歩する。
ばばちゃん『リード忘れた』っていってたけど、そこはリードはいらないんだって。
モコはおりこうに歩けるから。
もちろん、とってもきれいなモコでだよ。
ばばちゃんも、ばばじゃなくてピチピチよ。
2人でピチピチして町を楽しんでるから、どうぞご心配なく」

年老いて亡くなっても、けがや病気であまりきれいな姿ではなくなっても、光の国では、自分の好きな姿でいられるようで、多くの動物が、エネルギーいっぱいな若いきれいなころの姿をしています。時には、飼い主さんに自分だとわかってもらうために、最初に姿を現わすときだけ、亡くなったころのような様相をしていますが、話しているうちに若い姿に変身しているということもありました。

モコちゃんによると、自分の好きな姿でいられるのは、動物だけじゃなくて、人間もそうみたいです。真澄さんが「ママ」だったので、真澄さんのお母さんは「ばば」と呼ばれていましたが、光の国でモコちゃんと一緒のときは、ピチピチなんだと想像したら、なんだか微笑ましい気がしました。

真澄さんは、気管虚脱で苦しいモコちゃんに、酸素室をレンタルし、自宅では大半をその中で過ごしてもらっていました。酸素室から出ると、たちまち呼吸が苦しくなって咳が止まらなかったからです。さらに、もしかしたらモコちゃんを失うことになるかもしれないという恐怖が、酸素室からモコちゃんを出すことを拒否していたのかもしれません。

そのことを真澄さんが「咳が止まらなくて、呼吸が苦しくて、ネンネできなかったとき、今から思えば酸素室から出して抱っこし、ヒーリングができたらよかったのに。毎日のように病院に行かずに、家でゆっくり穏やかに過ごせたらよかったのに（モコを失うことが怖くてできなかった）」と伝えると、こう話してくれました。

「ママ、そんなこと思ってたんだ。

モコはね、具体的なことはわからないんだけど、何をしてても、ママがモコを思ってしてくれたってことが、とてもよくわかったんだよ。

だから、何をしたとしても間違いはないんだよ。
ってか、私的には大正解だよ！
生きてるときはよくわからなかったけどね、愛がいのちの栄養になるの。
いのちが明るく輝くのは愛をもらうとき」

真澄さんのモコちゃんへの愛が、モコちゃんのいのちの栄養になってたんですね。愛をいっぱいもらって、モコちゃんのいのちは最後まで、明るく輝けたんだなぁと思うと、胸がいっぱいになりました。私はこのとき、モコちゃんにとっても大きなことを教えてもらったと思いました。

心配はよくないっていうし、確かに心配のエネルギーは輝いてはいないけれど、飼い主さんがペットを心配するとき、ペット自身がそれを心配ではなく、ママからの愛のエネルギーだと受け取ると、きっと愛として機能するんです。モコちゃんのお話を聞いてそう思いました。

そして誰かが心配してくれたとき、それを愛に変換して受け取ろうとも思いました。
モコちゃん、素晴らしいことを教えてくれてありがとう。

ペットの死に目にあえなかった後悔

真澄さんの気がかりはもうひとつありました。

モコちゃんの死に目に会えなかったことです。

その朝、咳もしていないのに呼吸がおかしいことに気づいた真澄さんが、モコちゃんを病院へ連れて行くと、どうやら気管から出血があったらしく、処置後、入院することになりました。1人で帰宅した真澄さんに、病院から急変の連絡が入り、あわてて再び病院へ向かったけれど、間に合わなかったそうです。

「最後のお別れのときも、天使になる少し前までは一緒にいたのに、肝心なときに一緒にいられなくて、不安だったよね。寄り添ってお見送りできなくて本当にごめんなさい」と、お手紙のなかで真澄さんはモコちゃんに謝りました。1年前、ばばやモコはほんとにいたのかな。ばばやモコと暮らした日々はひょっとしたら夢だったんじゃないかと思う……と。

モコちゃんは、

「モコやばばちゃんと一緒のときは夢だったのかっていったでしょ。

それぞれ。お別れの瞬間を共有すると、その刺激ってとても強いの。モコがいなくなったのってほんとかなーって思ってもらいたいから、モコにはよかったよ。

ママは私よりずいぶんデリケートだから、その瞬間一緒だったら、もっともっとぐったりして、クルたんがかわいそうだったかもしれないわよ。

モコといたとき、夢のように楽しかったって思ってもらいたいし、あれは全部夢だったのかって思われてもいいの。

私は大丈夫だったよ。私も夢のように移行したの」

とお返事してくれました。

亡くなる瞬間、一緒にいることができなかった……ということで苦しんでいる飼い主さんは結構いらっしゃいます。どうしても自責の念がぬぐえないのですよね。

ですが、モコちゃんのお話から思うに、最後の瞬間に立ち合えない場合、繊細な飼い主さんに生と死の境を見てもらいたくなかったなどの、ペットの気持ちがそこにあったのかもしれません。アニマルコミュニケーションでは、そのように答えるペットが多く存在します。

モコちゃんと同じくらいの時期にアニマルコミュニケーションの依頼を受けたダックスフントの飼い主さんも、愛犬から「夢のように移行したかった」といわれていました。こちらはママのストールに顔を埋め、ママの香りに包まれてワンコ自身も眠りに落ちるように亡くなりました。ママはすぐそばにいたのに、一瞬、睡魔に襲われたそうですから、やっぱりペットの祈りが天に届いて、そのような状態をつくるのだろうと思わざるを得ません。

移行のタイミングをペットが決められるわけではないと思いますが、ペットから神様（宇宙とか、大いなる存在とか、根源と同じ意味です）に希望を出すことができるのだと思います。そして、その希望はたいてい叶えられるように思います。

人間も動物も植物も、いのちあるものは必ず光の国へと移行します。いのちは、神様から与えられるものであって、いのちの長さも自分では決められないのです。

ペットのように、純粋な愛を体現する存在であっても、自分で自分のいのちはコントロールできません。いのちを操れるのは神様だけだと思います。

同居していた動物の片割れが光の国へ移行すると、残されたほうは、その子とのお別れを悲しみます。モコちゃんがいなくなって、クル君はさぞ、悲しんだことだろうと思います。なんてことないふうに装っていたとしても、さびしさでいっぱいになっていることもあります。

彼らは、落ち着きさえすれば、光の国へと旅立った動物と、テレパシーでお話することができます。ペットは、住んでいる層（現実世界と天界）が違うこともわかっています。からだを触れ合えないさびしさをひしひしと感じ、ペットロス状態に陥る子もいますが、たいていはひと月くらいで、その子のいない生活に慣れていきます。

テレパシーを使って、光の国のその子とつながることができますから、生きている自分と移行した相手という新しい関係を上手に楽しむことができるかもしれませんね。

ペットが光の国のあの子の遺影をぽーっと見ていたとか、不思議そうな顔で高いところを見ていたとすると、あの子のエネルギーがそこに現れたのかもしれません。

ペットたちの魂は、移行後はより自由度を増しています。ずっと光の国にいるわけではなく、光の国とおうちを行ったりきたりしている子が結構いて、お供えのオヤツを楽しんだり、同居していたペットの様子を見たり、時にその子のからだを借りて（！）飼い主さんに自分をアピールすることもあるようです。

たいていは、飼い主さんがその子のことを懐かしんだり、思い出したりしているときに、いつも見守ってるよ、大好きだよ、と、いいたいがために、そうすることもあるようです。なんだか、とても自由でのびのびしていますね。

転生を重ね、飼い主をサポートしていたマルー君

麻酔による愛犬の死

過去世を聞いた場合、たいていは、今のペットと飼い主さんに深く関係したひとつの過去世が出てくるものですが、唐突に愛犬を失って深いペットロスに陥った鈴美香さんの愛犬は、何度も何度も一緒に過ごした過去世を、走馬燈のごとく見せてくれました。こんなのは初めてでした。

鈴美香さんの愛犬マルー君は、ドッグショーでよい成績を収めたオスのバセットハウンドです。

ドッグショーに出陳するときは、専門のハンドラーに任せるオーナー（飼い主さん）が多いのですが、マルー君をお里から譲り受けるときの約束で、鈴美香さんはずっと、オーナーハンドラーとしてドッグショーに出陳していました。

平日はキャリアウーマン、土・日は、オーナーハンドラーとして活躍し、忙しい数年が瞬く間に過ぎて行きました。

世界的に大きなドッグショーで優勝したことを機に、ショーの世界から足を洗い、今後は家庭犬としての幸せをたっぷり楽しんでほしいと、自らも目が回るような忙しさだった会社を退職。経済的なことは夫に任せ、マルー君とののんびりラブラブライフを楽しもうと思った矢先、マルー君が大きく体調を崩しました。

会社も辞め、ドッグショーからも引退した鈴美香さんは、以前から興味のあった犬のホリスティックケアや手作りごはん等を学び、どんどん日常に取り入れました。が、いったん、崩れたマルー君の体調は、一向によくならず、近所のかかりつけ医のほか、健康診断でお世話になっている大きな病院等にも行きましたが、原因がわかりません。どこの獣医師も、全身麻酔をかけて、ＭＲＩやＣＴを撮らないと詳しいことはわからないといいます。鈴美香さんは、マルー君が足を引きずったり、呼吸が苦しそうだったりする原因を解明し、元の健康体に戻してあげたいと思いましたが、なぜだか、どうしても全身麻酔をする気持ちになれませんでした。麻酔が怖かったのです。麻酔をかけるとマルー君が目を覚まさないような不安をずっと感じていました。ですから、マルー君は、生まれてから7年間、動物病院で全身麻酔が必要な、歯石取りなどもしたことがありませんでした。

そんなある日、検査をしなければ前に進めないと、鈴美香さんご夫妻は、意を決して大学病院の門をたたきます。検査が済んだら連絡をもらうことになっていたので、大学病院から少し離れた緑の場所で時間をつぶしたそうですが、やはり落ち着かなかったようでした。午後、もうすぐだから大学病院の近所へ移動しようと車を走らせていたとき、携帯が鳴りました。大学病院からです。お迎えの件だとわかっていたので気楽な気持ちで電話に出たら、「マルー君が麻酔から覚めた途端にまた意識を失い、心肺停止状態です」とのこと。鈴美香さんは真っ青になりました。だって、病気を解明するための、単なる検査を受けただけ……のはずでしたから。

あわてて車を走らせ、大学病院に到着すると、看護士さんが検査室へと案内してくれました。ドアを開けてもらって最初に飛び込んできた光景は、獣医師がマルー君にのりかかって、心臓マッサージを施しているものでした。もう20分以上続いているとのこと。鈴美香さんやご主人が大声で呼んでも、マルー君はコチラに戻ってくる気配はありませんでした。そろそろ30分たとうかというところで、鈴美香さんが、「もういいです」と獣医師に告げ、マルー君のいのちはこと切れました。9月の初旬のことでした。

私は鈴美香さんから連絡をもらって、とても驚きました。てっきり検査の報告だと思ったからです。その日の夕方、お花を届けに行ったときには、少し笑顔を見せていた鈴美香さんでしたが、お葬式が終わると重いペットロスに陥りました。

あれだけショックなことがあったのだからと、鈴美香さんの苦しみを当然と思い、彼女がペットロス症候群になりかけていることに気がつくことができませんでした。

お別れのキーワードは「麻酔」

マルー君を光の国に見送って2か月後、鈴美香さんからアニマルコミュニケーションの依頼がありました。鈴美香さんは、マルー君に3つの質問をしていました。

「その1、どうしてあんなに潔く逝ってしまったの？

その2、過去世でマミー（鈴美香さん）と一緒だったか教えて？

その3、ヤン君やラディ君に会えた？」


マルー君とつながると、彼は生前と同じく、穏やかで落ち着いていてクール。

どちらかというと鈴美香さんに対しては、彼女の魂を育てているかのような、ちょっと厳しい面を持っています。最初の潔く逝ってしまったことについて、

「僕が潔いから……というのはウソ。

ちゃんと前々からお別れをいっていて、そのタイミングだよってずっといってた。

生まれる前から決まっていたの。

麻酔はキーワードだったんだよ。

パパもママも麻酔が嫌いなのは、本当はそういう意味もあったんだ。

マミーは知っていると思ったけど？」


鈴美香さんが、マルー君が麻酔をきっかけに逝くことにしている……ということを知らなかったようだと私が告げると、マルー君は、鈴美香さんや旦那さんは潜在意識

で認識していたからこそ、あんなに僕に麻酔をかけることを嫌っていたんだよ、と教えてくれました。なるほど、それも一理あります。

飼い主にとって、突然のお別れは一番つらいのではないかと思います。マルー君の場合は、まさかの出来事でした。このような出来事に遭遇するご家族は、長く苦しみたくないという動物のワガママを受け入れる大きな器を備えているか、これからその器を準備できる素晴らしいご家族です。動物側もちゃんとそれを見抜いていて、突然のお別れの苦しみをのり越えてくれる家族をちゃんと選んでいるのです。

「どうして麻酔をきっかけに逝くことに決めていたの？」という鈴美香さんの質問に答えたマルー君。

「楽だから……というのは半分冗談。
ゆっくりのお別れなんてつらくてできない。
ボロボロの僕も見て欲しくなかった。
いい男のままがよかったし、そのほうが印象深いでしょう？」

段階を追ってのお別れだと覚悟ができるけど、また会えると思って会えないと、心が壊れちゃうんじゃないかしら？　と、私がいうと、珍しく、強い口調で力説したマルー君。


「マミーは大丈夫だから。

そういう家族を（僕は）選んでるんだよ。

家族には意味がある。

僕たちは、どんなにバラバラになっていても、次元の違う世界にいても、いつだって、いつまでも家族なんだ」

何度も一緒に転生を繰り返す

マルー君は、鈴美香さんと、とても深いご縁があるようで、何度も何度も一緒に転生していました。

「マミーのお寺の庭にいた、たぬきだったこともある。

マミーは、お坊さんの奥さんで、こっそり僕をかわいがってくれた。

サーカスで一緒だったこともある。

そのとき、僕はできの悪い猿で、処分されそうだったんだけど、一番人気の猛獣使いだったマミーがかわいがってくれたの。

でね、嫉妬した団員にマミーが殺されそうになったとき、とっさに僕がかばって、僕、刺されて死んじゃったの。

ほかにもあるよ。

子猫のとき、マミーは幼い女の子だった。

お船遊びをしようと、僕をお椀のような器に入れて川に流したんだけど、僕、器と一緒に溺れて死んだんだよ。

そのとき、マミーはまさかの出来事に、ものすごくショックを受けたの。

それが今生に影響を及ぼしていて、だからマミーは今、猫が苦手なんだよ」

鈴美香さんは猫が苦手？

いつも犬が大好きという話ばかりしていたから、猫が苦手かどうか聞いたこともなかったな、と思いつつ、後日、この件について聞いてみました。

鈴美香さんの第一声は、「マルーは、私が、猫が苦手だって知ってたんですか？」と何だかうれしそうでした。

マルー君がいうとおり、鈴美香さんは猫が苦手でした。そして、その原因は、過去世での自責の念にあるんだなと、わかりました。

過去世から持ち越してきた感情ってこんなふうに作用するんですね。鈴美香さんとマルー君のおかげで勉強になりました。

面白いことに、後日、報告書を読んだ鈴美香さんは、自分が猫を苦手な原因が過去世に起因していると理解した途端、なんだか猫が大丈夫になった気がするとつぶやいていました。このようなことは、原因がわかってそれを認めた途端、もう持ち越す必要がなくなって消えてしまうのかもしれませんね。

今生で、いつか猫と暮らす鈴美香さんを見ることがあるかもしれません（笑）。

マルー君と鈴美香さんは、少なくとも3つの過去世で一緒のときを過ごしていました。鈴美香さんは過去世において、小さな動物とも心を交わすことができるということや、小さくても尊いいのちがあるということを学んできました。また、心を通わせたり、助けられたり、自分のせいでいのちを失わせたりする中でいのちの尊さを学ぶほか、いのちをかけて守護してもらう経験を積んでいるようでした。

1人と1匹の過去世が、こんなにたくさん出てきたのは初めてです。

よほど、深い関係のマルー君と鈴美香さんなのでしょう。もしかしたら、何度も何度も転生してきたことを鈴美香さんが信じられずにいるので、マルー君が察知して、こんこんと2人の歴史を教えたのかもしれませんね。

魂を迎えにきた「ミカさん」の正体

そして、3つ目の質問。

光の国で、ヤン君やラディ君と会えたのか……は、旦那さんからの質問だそうです。

ヤン君もラディ君も、マルー君より先に、光の国へと旅立ったワンコで、お互いの飼い主さんを交えてみんな仲よしだったそうです。

「ヤン君、ラディ君、ミカさんとか、たくさんの友だちが僕を迎えにきてくれたんだよ。

お疲れ様って。楽しくなってウキウキした」

するとと鈴美香さんから、ミカさんって誰でしょう？　と質問がきました。

えっ、鈴美香さんにわからないなら私にわかるはずがありません。

鈴美香さんは、自分が知らない間に、マルーに親しいガールフレンドがいたのかと思って、幻のミカさんを探しました。ブリーダーさんのところの親戚ワンコ？　犬友さんの友だちワンコ？　片っ端から聞いてみましたが、どこにも「ミカさん」はいません。

がっくりきたその晩、寝る前のお祈りを口にして、鈴美香さんは、ハッとしました。

鈴美香さんは、いつも、大天使ミカエルに、マルーを守ってくださいとお祈りしていたのです。マルー君が病気になってからは一層、気持ちを込めて祈ったのだそう。

そして、親しみを込めて、大天使ミカエルを「ミカさん」と呼んでいたというのです。

マルー君を迎えにきたミカさんって、大天使ミカエル？

鈴美香さんのメールを見て、今度は私が驚きました。

大天使が犬の魂を迎えにくるって聞いたことがなかったからです。

天使は、位やお役目がはっきりしているゆえに、ランダムに人の祈りにこたえたりはしないと思っていました。大天使ミカエルにお願いしたとしても、ミカエルが直接、行動するのではなく、ミカエル直系のお世話役のような小さな天使か自然の精霊が、ミカエルに命令されて動くのだと思っていました。

目からウロコです。

「私は大天使ミカエルです。
願いは確かに聞きました。
あなたの最愛の動物を、私自ら迎えにきました。
愛に満ちあふれた祝福の道をご案内いたしますから、どうか安心してください。
大丈夫ですよ」

そんなふうに、鈴美香さんとの約束を守ったのかもしれませんね。

鈴美香さんは鈴美香さんで、そんなことをミカさんに頼んだ覚えはない。私が頼んだのは、マルーのいのちの火を消さないで。マルーが元気になってもっとずっと一緒に暮らせるようお願いします……ということを頼んだのに……と憤慨していました。

人の魂も動物の魂も天使も、みんな質の異なるエネルギーですが、ふわっとした自由な存在と思えば、地上の私たちの祈りによっては、多少の融通がきくのかもしれませんね。鈴美香さんとマルー君の深い絆には、たくさん学ぶことがありました。

彼らを見ていると、ペットと飼い主さんは、お互いに学び合い、愛し合う特別な関係であって、今生かどうかはわからないけれど、また会えるのは本当だと思えます。

飼い主さんやまわりの人たちは、これからと思っているだけに、その子を亡くしたショックは、とっても大きいです。自分の所にこなければ、もっと生きられたのではないかと、自責の念がなかなかぬぐえないパターンがこれです。今からどんどん輝くはずのいのちを自らの手で輝けなくさせてしまったような罪悪感もぬぐえず、自分を恨んでしまったり、自分に全く自信が持てなくなったり、ペットロスから抜けられなくなったり……。

ですが、幼くして亡くなるいのちもまた、生まれる前に「短い人生」を選択して生まれてくるようです。

100日しか生きられなかったサクヤちゃんが伝えたかったこと

闘病期間たった10日で天国へ

サクヤちゃんは、ゴールデンレトリーバーの女の子。生後50日で須山家にやってきました。須山家の初めてのペットです。

ふわふわでこぐまのぬいぐるみみたいにかわいくて、幸枝さんも旦那さんもサクヤちゃんに夢中になりました。これから10年くらいをずっと一緒に過ごすつもりでした。

異変が現れたのは2回目の予防接種のあと。

急に咳き込み、鼻水も出て苦しそうです。朝、起きると、目やにがいっぱいで目が開けられないほどでした。あわてて病院に行くと熱が高く、注射などの処置をしてもらったものの、改善しないどころかますます状態は悪化。瞬く間に、鼻が詰まって息ができなかったり、ごはんを飲み込んだりするのも難しくなって、食べたいのに食べられない。咳もひどく、呼吸も苦しく、起き上がれなくなってしまいました。

サクヤちゃん、ジステンパーでした。

病名がわかったのはあとからで、どんな風に感染したか、予防接種との関連はあるかなど、全くわかりませんでした。

ジステンパーはこわい伝染病です。ウィルスに感染することで、風邪のような症状から始まって、消化器官に悪影響を及ぼし、重度の肺炎や脳炎まで引き起こす、いのちの危険も大きい伝染病として知られています。

サクヤちゃんは、感染してからたった10日で光の国へと旅立ちました。まだ、生後3か月を過ぎたばかり。生まれてから101日目のことでした。


幸枝さんは、元看護士さんなので、いのちに関しては、どうしようもないことがあるということを肌で理解していたそうです。でも、サクヤちゃんの死を受け入れることはできませんでした。あんなにふわふわで愛らしく、これからずっと一緒に暮らしていくんだと思い、ワクチンが全部済んだらお散歩だ、ドライブにも行きたいし、これからは旅行もサクヤと一緒に行けるところがいいな。ゴールデンレトリーバーは大きな犬だから、子犬のときからしつけを入れなくちゃだよね。そんないろんな思い描いたことがすべて消えてしまいました。

何よりも、サクヤちゃんが不憫《ふびん》でなりません。生まれてから101日しか生きられなかった。我が家に来て50日しか経ってないのに、5分の1は闘病に明け暮れた。

生後3か月ってまだ赤ちゃんだよ。彼女は苦しむために生まれたんだろうか。私のところにこなければ、もっと幸せになれたの？　幸枝さんの中でいろんな思いが交錯し、彼女は重度のペットロスをわずらいました。

サクヤちゃんが亡くなってから1週間は、まったく外へ出られなかったそうです。

サクヤちゃんは伝染病だったので、自宅を消毒し、彼女のために用意した生活用品はすべて処分しなければならず、思い出の品をひとつも残すことができませんでした。

幸枝さんは、それが本当につらかったと教えてくれました。

死後4年目にアニマルコミュニケーションを

サクヤちゃんのことがあってから4年たって、アニマルコミュニケーションの依頼をいただきました。須山家には、新しくエルダちゃんという明るいゴールデンレトリーバーの女の子が、サクヤちゃんの妹分におさまっていました。

でも、幸枝さんは、サクヤちゃんの死から立ち直ってはいなかったのです。エルダちゃんと明るく毎日を送りながらも、いえ、楽しければ楽しいほど、もう一方で、なぜサクヤは死ななければならなかったのかと考え、自分を責める苦しい日々を過ごしていました。

どうしてもサクヤちゃんに心が行ってしまい、彼女への贖罪《しょくざい》のためなのか罪悪感が邪魔するのか、心の底からエルダちゃんを慈しむことができない状態が続いていたようです。エルダちゃんにも申し訳ないという気持ちがありました。

私がいつものイメージ空間に、サクヤちゃんをお招きすると、美しい成犬のゴールデンレトリーバーが現れました。幸枝さんからいただいたお写真は、生後3か月にも満たない子犬のかわいいサクヤちゃんだったので、私はちょっと戸惑いました。でも、確認すると、まぎれもないサクヤちゃんでした。

とーちゃんとかーちゃんのこと、覚えてる？　と聞くと

「はい、もちろん」と礼儀正しく答えてくれました。

なんだろう、とても強い郷愁を感じました。幸枝さんがサクヤちゃんに会いたいと思っているように、サクヤちゃんもまた幸枝さんに会いたいと思っているような、強く物悲しい郷愁でした。


病気については、こわい病気とは知らなかった。実は、熱くて苦しくて、病気のことはよく覚えていない。からだを脱がずにはいられなかった……とテキパキ答えてくれました。子犬のからだにはよほどつらかったのでしょう。

ご質問に、なぜ、とーちゃんを待ってくれなかったの？　とありました。

つら過ぎたから、仕事に出かけたとーちゃんの帰りを待つ余裕もなく、自分のつらさに耐えるだけでいっぱいいっぱいだったそうで、サクヤちゃんは幸枝さんの胸の中で最期を迎えることになりました。

今生はのぞき見だけの「犬生」

何のために生まれたのかな？

「経験するため。

地球に生きることや、人と暮す犬を経験するため」


どうやらサクヤちゃんは、地球での経験が比較的浅い魂の持ち主のようで、今回はのぞき見の人生だといっていました。

「最初からちょっとだけ生きることを選択しました。

こわかったから、家族が優しくて、手厚く守ってもらえるおうちを選びました。

人と暮らす犬に生まれて、愛情をいっぱい注いでもらいました。

とてもよいものだと思いました」

よいおうちを選びましたね、と、いうと
「はい、厳選しました」との答えが返ってきました。
そうなんです。サクヤちゃんとお話ししてから、何度も幼くしていのちを落としたペットとお話しする機会がありました。その子たちはみんな、同じような、生まれてくるおうちや一緒に暮らすご家族を厳選しているんです。

ほんのちょっと垣間見るだけだから、どんな環境でもいいか、というわけではなく、今度生まれてくるときは、平均寿命くらい、ちゃんと人の社会で暮らそうと思っているからか、人との暮らしのよいところを短期間にわかろうとするからか、自分が暮らすおうちはかなり吟味して選ぶようなんです。

幼くして動物が光の国へ還ってしまうと、ご家族の悲嘆は相当だと思いますが、彼らは生まれる前に、ちゃっかり愛情たっぷりで大切にしてもらえるおうちを選んでいるんですねー。

とーちゃんとかーちゃんに心配をかけたことについて、

「とても悲しそう、つらそうで、それを見た私は、肉体もつらかったけれど、心が痛かったです。こんなに優しい人たちを悲しませている。

それは、今も心残りです。

私がおうちを選んだために、大切な人たちを傷つけてしまった。

それは申し訳ないことをしたと今も悔いています。

今度は元気に生まれるから、長く一緒にいたいと思っています」

生まれた目的は何でしたか？


「一生愛してもらうことかなー。

人と暮す犬として地球に生まれたかったから。

とーちゃん、かーちゃんを悲しませたけど、絶望感に負けず、一日一日を大切に生きることは、とーちゃんとかーちゃんの今生の目標のひとつでもあるから、そのサポートも役割でした」


サクヤちゃんは、幸枝さんにメッセージを伝えてくれました。幸枝さんにいろいろ謝ったあと、こんなふうに話してくれました。


「かーちゃん、サクヤです。

また犬をするつもりです。

一緒に暮らせたらいいなと思ってるけど、私が決めるわけじゃないから、まだわかりません。

長く生きて、ずっとおいしいものを食べられるようにと希望を出しています。

かーちゃんとサクヤは、お互いに気にしてるから、私はなかなか生まれ変われないかもしれないといわれました。

また会える日を祈っています。

たくさん愛してくれてありがとう。

私もたくさん愛しています。

いつもいつも愛しています。

いつもとーちゃんとかーちゃんに愛を送っています。

愛しています」

「今度生まれるときは、とっても元気で全然疲れなくて、いつも走り回るのがいいなと思っています。

だから覚悟しておいてね。

エルダちゃんどころじゃないわよ」
その言葉から、須山家で暮らしている妹犬についてもよく知っているようでした。
幸枝さんからの、守ってあげられなくてごめんなさい、には、
「充分守ってもらいました。
つらくてさっさと脱いじゃって、こちらこそごめんなさい。
でも、今日からは、お互いにごめんなさいじゃなくて、愛してるといい合いましょう」
この提案に、思わず素敵ですねー、と私の思ったことを伝えました。
「そう？　うれしいです。
愛してる……も、かーちゃんに教えてもらったのよ。
愛してます。かーちゃん、とーちゃん」

成犬の姿で現れたのは、いつまでも小さいサクヤじゃないと、美しく成長した姿を伝えてくれたのでしょうね。

飼い主さんからのメッセージ

私は、お話しした内容をメールで「報告書」として送ります。

それを読んだ幸枝さんは、Blog でこんなふうに綴《つづ》ってらっしゃいました。

「報告書を読んで泣きました。久しぶりに号泣しました。

サクヤが、あの小さくて幼いサクヤがこんなに私たちを思ってくれている。

それなのに、私がいつまでもグズグズしてるから、生まれ変われないじゃないか！

ひとしきり泣いたあと、意外とすっきりしました。もう大丈夫！

私はもうサクヤを解放してあげなくちゃ。

早く生まれ変われるように。

私と出会えるかどうかはわかりませんが、それはお空が決めること。

それからエルダがかわいくて愛しくてたまりません。

あらためてエルダへの愛おしさがこみ上げてくるのでした。

内容に関しては、いろいろご意見もあることでしょう。

でも、私にとっては、この言葉のひとつひとつが心の中に染み渡り、しこりがゆっくり溶けて癒やされるのを感じました。

今、とてもあったかい気持ちで満たされています」

幸枝さんは、「幼くして亡くなったサクヤの短い犬生にも意味があったことをみなさんにも知っていただきたい。今回、サクヤからのメッセージを聞くことができて、私も新しい一歩を踏み出すことができました。必ず役割があって生まれてきている。それを飼い主も知ることで、ペットロスに陥った方も立ち直れると思いました」とおっしゃっています。

愛するペットが光の国へ還ったら

ペットロスとのつき合い方

ペットの存在感の大きさを思い知らされるのは、そのペットがいなくなってから……ということも多いです。

はい、ペットロスです。ペットロス自体は、正常な悲嘆反応だと思いますから、全く問題はありません。そこにあった体温が今はもうない……ということがどれほど大きな喪失感につながるかは、ペットと暮らしていなければ理解が難しいかもしれません。そのペットとの関わり方によって、ひとつの家族の中でもペットロスの度合いには差があります。

同じ事実を体験したとしても、その人の中でそのペットがどのような存在であったかによって、ペットロスは全く違ったものになるので、家族といえども、わかり合えず、孤独に苦しむという現象を招くこともあります。

悲しみはもちろん、自責の念や後悔、動物病院やまわりに対する不信感、苦しみやつらさ、孤独感などなど。ネガティブな感情をたくさん感じて、なかなか立ち直れない家族もいれば、哀しいけれど後悔はないなど、比較的穏やかに受け止められる家族もいます。ペットロスは、ペット対自分なのだなってしみじみ思います。

ペットロスのつらさや悲しみは、時間とともに消えるのかというと、そうではありません。時間とともにその質が変化してゆきます。ペットが亡くなった直後は、エネルギーに大きな変化があって、大打撃というか大きなショックを受けます。このようなショック状態は、ずっと続く訳ではなく、だんだんと自分を取り戻していきますが、その後も感情は大きく動くことでしょう。それもやはり、人によってどんなふうに動くか、どれくらい時間がかかるか等、まったく予測できないのがペットロス。

ペットが光の国へと旅立って1年くらいは、「昨年の今ごろは、あの子とあんなところへ出かけたんだった」とか「昨年の春は、桜の下で一緒に写真を撮った」とか、記念日がめぐってくるたび、悲しくなると思います。喪失感や悲しみは、時間がたてば消えるというものではなく、思い出すたび立ち上がってきます。飼い主さんは、まるで悲しみが相棒であるかのように、肩に背負いながら人生を歩んでいくんですね。肩に背負った悲しみの大きさや重量感、質は、どんなふうに人生を歩むかによって変わってくると思いますが、消えるものではありません。

いつまでたっても重い悲しみを背負う人もいれば、背負ったときは、前に一歩踏み出すのが苦しいくらい重かったのに、人生を歩くうち、肩が軽くなっていることに気づいたり、荷物とは思えないほど自分と一体化して、肩にかついでいることを忘れていたという場合もあるかもしれません。

ペットロスの悲しみを受け入れられるくらい、精神が成長したということでしょう。多くの飼い主さんは、悲しみと一緒に人生を歩くうち、そんなふうに変容します。

ペットロスをやわらげるには

ペットが亡くなると、生きる希望が見出せないほど悲しかったり、食事がのどを通らないほど苦しかったり、思い出してはつらかったりします。

でも、悲しむとペットが心配して光の国へ行けないから、あまり悲しんではいけないと思って我慢してしまう飼い主さんがとても多いです。

我慢すると、悲しみなどのネガティブな感情は心の底に沈殿します。沈殿した悲しみは、以後、何か悲しいことが起きるたびに、今、起きている悲しみと共鳴し、心の底から浮遊するので、実際よりも余計に物事を悲しく感じたりしてしまいます。感情の揺らぎが大きくなってしまうのです。

ですから、ペットが亡くなったとき、ネガティブな感情は無理矢理押さえ込まず、思いっきり泣くなど、外側へと表現し、内側に溜め込まないほうがよいのです。自分の感情に正直であること。悲しくないふりをするのではなく、悲しいんだと自覚することが大切です。

感情というのは、その存在や状態を認めると、承認されたことに安心し、確認されたことで落ち着いて、やがて薄まる傾向にあります。また、周囲にも、ペットが亡くなってつらいことを伝えておくと、さりげなく配慮してもらえたり、あたたかい目で見てもらえることもあるので、心にぽっかり空いた穴が、人の親切で少しは満たされるかもしれません。

ペットロスは、一人一人のものの考え方、ペットとのかかわり方などが違うため、人それぞれです。悲しいのだと伝えることは、自分の状態を周囲の人に理解してもらうためにはよいことです。

一方で、周囲からの慰めがおせっかいに思えたり、慰めとしてかけてくれた言葉に傷つくなどの弊害が出てくる場合もあります。同じ言葉であっても、自分の状態によって受け取り方が変わってしまう場合もあります。周囲にわかってもらおうという期待はせずに、自分の状態をオープンにするというスタンスでいるのがよいと思います。

「ペットは家族」が、あたりまえになってきたとはいえ、法律ではまだ「もの」扱い。ペットが苦手な人や嫌いな人もいますし、ペットと暮らした経験がなければ、たかが犬が死んだくらいで…と、つぶやく人がいるかもしれません。

そんなときは、さまざまな人がいるのだから、理解してくれない人がいてもあたりまえ。そのような人からの言葉に傷つかない、とあらかじめ決めておきましょう。そうすれば、上手にやりすごせるでしょう。

ペットがくれた恩恵は数限りなくあると思います。ペットが亡くなったことで、飼い主さんは、いろんなものを失くすのですから、悲しみやつらさや苦しみを隠して、普通に生活しようと思うのには無理があります。

行き場のないネガティブな思いが心の中で増幅してしまうと、ペットロスが重症化し、「ペットロス症候群」という病気になってしまう場合もあります。症状としては、うつ状態や日常生活が遅れないほどの倦怠《けんたい》感、自殺願望など。ここまできてしまった場合は、専門家の手を借りて治療する必要があります。そうでない場合、ペットロスは、悲嘆の状態であり、病気ではありません。


誰にも話せなくても、つらさや悲しみをノートに書くとか、お風呂で1人で泣くとか、愛と悲しみのセレモニーを自分でこっそり執《と》り行うとか、とにかく外へ表現することです。

もし、家族や友人に、自分が感じていることを話せるなら、聞いてもらうといいと思います。けれどそのときは、黙って聞いてほしいと伝えましょう。彼らは、何とか立ち直ってもらいたくて、助言したくなるかもしれません。しかし、彼らはあなたではありません。あなたに的確な助言をすることは、きっと難しいでしょう。

または、専門家に気持ちを聞いてもらうこともお勧めです。専門家は、あなたのペットのことは知りませんが、あなたの気持ちに寄り添うことができるので、少しは安心したり、自分を解放できたりすると思います。

アニマルコミュニケーションという手段

もし、あなたが、亡くなってまだ3か月もたたないうちに、光の国のペットと話したい場合は、信頼できるアニマルコミュニケーターに依頼することをお勧めします。

今まで、動揺しているときは、ペットからのメッセージを感じることが難しいとお伝えしてきました。ペットが亡くなって3か月以内という時間は、悲しみや自責の念、怒りといったさまざまな感情が吹き出し、穏やかな状態どころか、感情があちらこちらへ暴走して、心身ともに疲れ果てたような状態だと思います。

そのようなときに、ハートをペットへの愛で満たすことはできませんよね。

ペットとハートでつながるときの心は、明るい気持ち、気が楽、リラックスできている、穏やか、なんとなく幸せ、からだに緊張がない、というような状態のとき。そうでないときに、亡くなったペットとつながろうとすると、あなたから出ているエネルギーと同じ質のものとつながる可能性も否定できません。

ペットとお話していると思っていたけれど、実は、あなたのペットのふりをした別のものと話しているかもしれないのです。愛も闇も、私たちもペットたちも、すべてはエネルギーでできています。形のないエネルギー同士は、類は友を呼ぶといわれるように、同じ質のものが引き合います。

本書では、気持ちが穏やかなときに、心をペットへの愛で満たすことにより、愛に包まれ、愛の周波数をもったものしか訪れることができない世界を構築します。ペットとのハートでのつながりを太くするとともに、低次元のレベルのエネルギーが近寄れないよう、安全面を確保することもお伝えしています。

アニマルコミュニケーターは、安心・安全・大丈夫な空間を自分でつくりますし、エネルギーの質にも敏感で、その違いもわかります。テレパシーを用い、あなたのペットだけが発する周波数をキャッチします。

プロフェッショナルであれば、別のものとつながってしまうということはないのですが、日ごろから訓練をしているわけではない飼い主さんが、心乱れた状態でペットとつながろうとすることは、危険な側面があるので要注意です。

光の国の動物は「愛」そのもの

光の国へ還ったペットを思うと、悲しみもあるけれど、今は感謝の気持ちでいっぱい……というような心持ちに落ち着いてからなら、きっと、愛しいあの子とハートでお話しすることができると思います。それは、あなたとペットがすでに愛でつながっているからです。

本書では、テレパシー的な会話を学ぶものではありません。セルフケアで愛にあふれたもともとの自分を取り戻し、ペットとの愛のパイプラインを揺るぎないものにします。

愛のエネルギーをペットに送って、ペットからも愛を受け取ることを目指します。ご自分のペットならではの、とっておきの方法です。ですから、2章のレッスンは、あなたが自分らしく、幸せな気持ちで暮らすためのセルフケアの方法でもあります。

もし、光の国のペットに聞きたいことがある場合、私は、信頼できるアニマルコミュニケーターに依頼することをお勧めします。ペットの思いを彼らのエネルギーそのままに伝えてくれることでしょう。

ペットの気持ちを知ることで、喪失感や悲しみや苦しみ、つらさ、自責の念などが、消えたり、薄くなったりし、ペットへの感謝で満たされる飼い主さんたちをたくさん見てきました。ペットの純粋さは、ペットへの愛から生まれたものであることを教えてくれるからです。

ペットの気持ちを受け入れたとたん、飼い主さんの中でアルケミー（錬金術）的な変容が起きるのですね。ペットの純粋な愛のエネルギーに触れることで、純粋にペットを愛する気持ちを取り戻すからではないかと、私は思っています。

今まで何度も、ペットは「純粋な愛の存在」だとお伝えしました。本当にそうだと感じるあなたの中にも、実は同じ「純粋な愛」があります。同じ周波数のものが反応し、共振するのです。光の国にいる、毛皮を脱いだ制限が全くない状態のペットは、純粋な愛そのものですから、彼らのエネルギーをそのままに届けてもらったとき、色眼鏡も着膨れていた服も一瞬でなくなります。

共振によって、魂という純粋な部分が揺れると、魂の外側に貼りついている、自分を偽って見せていたにせものの部分が浮いてはがれてきます。過去世から持ち越してきた重い荷物も手放せるかもしれません。

そして、自分の目の前の景色が明るく広がったり、なんだか軽くなったり、呼吸がしやすくなったりという変化を、きっと感じるでしょう。過去世からいく度となく出会いと別れを繰り返して、お互いに成長を続けてきたペットからの愛のギフトです。

光の国の動物とのアニマルコミュニケーションが、私は大好きです。彼らからは本当に深く慈愛に満ちたお話を聞くことができるからです。それはもちろん、飼い主さんご一家に向けたもので、アニマルコミュニケーターは単なるパイプです。でも、パイプなのに、ご家族への彼らからの美しい愛を感じさせていただくことができるとは、素晴らしい職業だとありがたく思っています。

彼らの愛は、純粋で透明感があり、キラキラと眩しく輝いています。

受け渡す役目の私も癒やされます。

ぜひ、光の国のペットの思いを聞いてください。きっと解放や新しい視点や励まし、一歩踏み出す勇気を得られることでしょう。あなたがあなたらしく、きらめいて人生を歩いて行くための大切なことを、ペットからたくさん聞くことができると思います。

おわりに

ペットと称される動物たちは、人間社会で暮らすことを選んだ特別な動物たちだと思います。なんのために、動物としては不自然な環境の中で、いのちを使うことを決めたのでしょう。

アニマルコミュニケーションをさせていただく中で感じたのは、ペットはみんな飼い主さんを愛し、飼い主さんご一家のために生きているといっても過言ではないんだなぁということ。問題行動ひとつをとっても、それをひもとくと、自分を制限することなく、自由に生きようというメッセージが隠れていたりします。

では、そのような献身的な動物たちの目的は何なのでしょう？

本文でも少し触れていますが、人間が「便利」より「愛」で物事を選ぶことで、地球のあらゆるいのちのバランスがとれ、生きとし生けるものがみんな平和に暮らせる地球をつくることができるからだと私は思っています。

人間は、地球上で頭を使ってさまざまなことを思い描き、昨日を反省したり、明日を想像することができます。自分たち以外のいのちに関して大いに関心を持ち、研究をしています。

それは神様が、「地球の世話人」としていのちを輝かすことができるよう、人間に与えてくださったギフトではないでしょうか。

しかしながら私たちは、人間に都合のよい地球をつくり続けてしまい、その結果、自然破壊や公害、食料問題などに苦しんでいます。ここへきてやっと、自然の循環の大切さ、生き物のいのちの美しさなどに、多くの方が目を向け始めました。これからは、自然の流れに沿う生き方やあり方を選ぶ人がどんどん増えるのではないでしょうか。

ペットは、今までもこれからも、純粋な愛の存在でいることで、飼い主さんの中の純粋な愛を揺り起こし、愛の目を開くサポートをし続けてくれるでしょう。私たちはまず、目の前の愛おしいペットが、健康で幸せに暮らすことができるよう、愛を注ぎ、環境を整えることから始めたいですね。

ペットは一番身近な自然の存在でもあります。ペットのいのちに責任を持つことは、飼い主としてあたりまえのことです。彼らはあなたの庇護《ひご》なくしては生きていけません。ペットのためにも、自分自身が健康で幸せであること。まずは、自分のいのちを大切にすることを心がけたいですね。ペットが願うのは飼い主さんの幸せです。彼らを大切に思うなら、彼らを扱うのと同じように、自分のことも大切に扱いましょう。

あなたは、ペットが自分のいのち丸ごとで愛するために選ばれた存在なのですから。

いのちあるものは、いつしか光の国へ還ります。

ペットも同じこと。現在は、獣医学の発展や食べ物や生活の質の向上で、ペットの寿命が伸びました。寿命が延びたことで、介護が必要になったり、がんや痴呆などに苦しんだりするペットも多くいます。それに伴い、安楽死という課題も出てきました。

安楽死は、安楽死をすると決めても、しないと決めても、本当にこちらでよかったのだろうかと、ずっと悔やんでしまうことが多いです。ですが、安楽死で光の国へと旅立ったペットとお話しした経験では、みんな飼い主さんと同じ考えでした。

飼い主さんが、よくよく考え、悩み抜いて決めたいのちの判断には、間違いがないのだと思います。考え抜いて行動へと導かれた場合、ペットも同じ気持ちで、飼い主

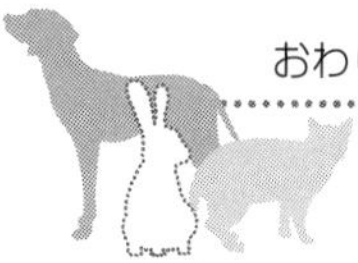

おわりに

さんの判断を促しているのだと思います。

したがって、このようないのちの判断は、アニマルコミュニケーターを通して確認するのは、ペットの本意ではないでしょう。飼い主であるあなたが、しっかり考えて決めてください。

いのちに責任を持つというのはそういうこと。そうでないと、あとあと、本当にそっちを望んでいたのか、アニマルコミュニケーターのいうことを鵜《う》呑みにしてよかったのかと、後悔するかもしれません。ただし、決めたことをペットに伝えるためになら、アニマルコミュニケーションを活用するのもよいと思います。

飼い主さんがご自分のペットと話す場合と、プロフェッショナルなアニマルコミュニケーターのテレパシーによる交信には違いがあります。

料理にたとえるなら、愛情たっぷりな家庭料理とレストランの洗練された料理。

本書では、おいしい家庭料理が楽しめるレベルの、ご自分の動物とお話しする方法を綴っています。

何度もいいますが、ペットと飼い主さんは過去世から何度も一緒に時を過ごし、お互いに学び合い愛し合う、特別な関係です。すでにハートとハートは、深い絆で結ばれていますから、飼い主さんが愛に満ちあふれることでハートの空間が活性化し、ペットからの愛が伝わりやすくなります。

ぜひ、ステップ2のレッスンで、リラックスすること、力を抜いてゆるむこと、自分を承認すること、自分に許可を出すことなどを身につけてください。そして、それを楽しみながら、あなたのペットとの幸せな時間に役立てていただければ幸いです。

ペットと飼い主さんは特別な関係。

この本が、ペットと飼い主さんの幸せライフに貢献できれば、これ以上、うれしいことはありません。

足元にペットたちが寝そべる幸せな空間で

杉　真理子

杉真理子（すぎ　まりこ）

アニマルコミュニケーター。大阪生まれ、芦屋育ちで、名古屋在住。体を壊して勤めていた会社を辞め、愛犬たちとの生活で健康を取り戻す。人や動物の自然療法をあれこれ習得するが、子犬の死をきっかけにアニマルコミュニケーションを学び、アニマルコミュニケーション・セラピスト（※）として2008年から活動をスタート。
現在はアニマルコミュニケーションやペットロスについて学ぶ講座等各種通信講座の開講、アニマルコミュニケーション・セラピー（ACT）やヒーリングの傍ら、動物の愛や彼らの使命、動物と飼い主のスピリチュアルなつながりについての執筆活動を開始。夫とシニア犬２頭が家族。著書に『ペットは生まれ変わって再びあなたのもとにやってくる』（大和出版）
（※テレパシーで交信しながら「光の神殿」でヒーリングを行う、オリジナルのセラピー）

杉真理子公式サイト
https://www.sugimariko.com

ブログ「動物の光・虹色の絆」
https://ameblo.jp/marichi-animalhealing/

デザイン　石井香里
作家プロデュース　山本時嗣（株式会社ダーナ）

10日で学ぶアニマルコミュニケーション

動物と話す練習

ペットの本当の「気持ち」を聞く奇跡のレッスン

2018年12月15日　初版第1刷発行
2025年 7 月25日　初版第4刷発行

著　者　杉真理子
発行者　東口敏郎
発行所　株式会社 BAB ジャパン
〒151-0073 東京都渋谷区笹塚1-30-11　4・5F
TEL　03-3469-0135　　FAX　03-3469-0162
URL　http://www.bab.co.jp/
E-mail　shop@bab.co.jp
郵便振替　00140-7-116767
印刷・製本　中央精版印刷株式会社

ISBN978-4-8142-0177-8 C2077